Gudrun Altmann

Die kleine

rassistische Empathie

Fibel

Empathie-Kollektiv 2

by Empathi·e·ssimo®

Bibliografische Information der Deutschen Nationalbibliothek:

Die Deutsche Nationalbibliothek verzeichnet diese Publikation in der Deutschen Nationalbibliografie; detaillierte bibliografische Daten sind im Internet über dnb.dnb.de abrufbar.

Neuauflage

© 2020 Altmann, Gudrun

Herstellung und Verlag: BoD – Books on Demand, Norderstedt

ISBN: 9783750496057

Inhaltsverzeichnis

1. Eine kleine *Gebrauchsanleitung*

Zu Beginn möchte ich Ihnen ein paar Informationen zur Handhabung und zum besseren Verständnis des Buches mit auf den Weg geben.

Da das Gendern für mich obligatorisch ist, habe ich mich aufgrund seiner größtmöglichen Barrierefreiheit für den Doppelpunkt entschieden. Bei Sprachausgabeprogrammen beispielsweise wird beim Sprechen nur eine kleine Pause eingelegt, und gleichzeitig ist es mir aber möglich alle Menschen durch ihn anzusprechen.

Mein Bestreben in diesem Buch ist es, Ihnen meine Inhalte so verständlich wie möglich darzulegen. Ich orientiere mich jedoch größtenteils an meinem vorherigen Buch:

„Empathie-Kollektiv. Warum Empathie nicht immer nett und rosa ist …"

Es besitzt einen wissenschaftlichen Fachbuchcharakter, und dort finden Sie auch diverse Argumentationswege, die mich zu meinen Theorien und Modellen, die ich Ihnen hier vorstellen werde, geführt haben. Wenn Sie sich also intensiver in das Thema Empathie einarbeiten möchten, finden Sie neben meinen eigenen Zeilen hervorragende (teils wissenschaftliche) weiterführende Literatur(tipps) unterschiedlicher Disziplinen.

Ganz unwissenschaftlich, und um Ihre Lesefreude nicht zu unterbrechen, werde ich mich nicht selbst zitieren. Ich werde Ihnen aber eine kleine Kennzeichnung hinterlassen, damit Sie die entsprechenden (ausführlicheren) Stellen im *Empathie-Kollektiv* leichter finden. Ich habe mich für die folgende Kennzeichnung entschieden:

(vgl. PQ: 23) -> vgl. steht für *vergleiche*, PQ für *Primärquelle* und die Zahl nach dem Doppelpunkt nennt Ihnen die *Seite(n)*.

Zum Schluss möchte ich noch auf einen wichtigen Aspekt hinweisen: Erschrecken Sie bitte nicht über so manche Pauschalisierung. Auch diese ist der Lesefreundlichkeit geschuldet. Wenn ich von *uns, der Polizei* oder *dem Menschen* schreibe, ist mir bewusst, dass jeder Mensch ein Individuum ist und man nie alle über einen Kamm scheren sollte. In all unseren Lebensbereichen gibt es hier und da schwarze Schafe oder aber auch die, die durch besondere Leistung hervorstechen. Der Einfachheit halber argumentiere ich also anhand der breiten Masse.

Andersherum meine ich auch nie die breite Masse, wenn ich z.B. über *die schwarzen Schafe* spreche, außer ich gehe explizit auf ein Zahlenverhältnis ein.

Vielen Dank.

So, ich hoffe, Sie sind bereit. Los geht's!

2. Die Sache mit der Empathie

Tja, was ist Empathie?

Ich denke, es geht Ihnen so wie mir vor einiger Zeit. Man weiß *irgendwie* was Empathie ist, aber sie ist nicht wirklich greifbar. Es fällt schwer zu sagen, Empathie ist genau dies oder jenes.

Im alltäglichen Sprachgebrauch kommt uns der Begriff leicht über die Lippen.

Sei doch mal empathischer!

Versetze dich doch mal in die Lage hinein.

Manchmal *meinen* wir, es geht dabei um nett sein, um Gefühle oder Stimmungsschwankungen. Oft wird dabei zusätzlich auf Charaktereigenschaften von Frauen verwiesen.

Das ist halt eher so ein Frauending.

Falsch. Ist es nicht. Empathie entsteht im Zusammenspiel mit unserem Körper. Empathie ist nicht nur etwas *Nettes*. Empathie kann unterbrochen sein oder auch nicht funktionieren. Sie kann ebenso ein Instrument sein, um andere zu manipulieren.

Die Empathie kann sogar bis in die Würde des Menschen vordringen und ihn *brechen*.

Aus diesen Gründen bin ich froh, dass ich angefangen habe die Empathie zu untersuchen. Zu Beginn ging es mir eher darum den Begriff der Empathie im Rahmen meiner Bachelorarbeit einzufangen und eine allgemein gültige Definition zu erarbeiten. Es wurmte mich nämlich unheimlich, dass ich in der Literatur der verschiedenen Disziplinen (Pädagogik, Psychologie, Soziologie etc.) ganz unterschiedliche Definitionen vorfand.

Jetzt im Nachhinein möchte ich auch folgende Formulierung verwenden, die ich mir gut überlegt habe: Auch die *Kastration* der Empathie durch die Zuschreibung zu nur einzelnen (Handlungs-)Bereichen macht(e) mir zu schaffen. In der Erziehungswissenschaft zum Beispiel findet sich Empathie eher in den Bereichen *Bindung* und *Konfliktbewältigung*. In der Psychologie wird sie eher im Bereich *Emotionen* verortet und ganz aktuell im Trend ist es, sie in Kommunikationsmethoden eingeflochten durch teure Managerkurse als *DIE Lösung* zu verkaufen.

Sicherlich – sich empathisch zu verhalten oder empathischer zu kommunizieren ist lobenswert, ein guter Fokus, und hat mit all den obigen Beispielen auch zu tun, dennoch bedeutet Empathie weit mehr, und sie ist in meinen Augen absolut unterschätzt und mit Sicherheit kein Beiwerk! All die oben genannten Bereiche verorte ich nur als Anschlusshandlung.

Vielleicht fragen Sie sich jetzt, was bitteschön meint Sie mit *Anschlusshandlung?*

Genau das ist der Punkt! Eine gewisse allgemeine *faserige* Auffassung und eine (noch) leichtfertige Verwendung des Begriffs im Alltag sowie bei Podiumsdiskussionen oder beim Schreiben von Patientenakten oder Entwicklungsberichten oder beim Plausch mit der besten Freundin.

Ich möchte meine Theorie daher weitergeben und zur Diskussion stellen. Wir alle sollten versuchen die Empathie endlich besser zu ergründen, um unseren aktuellen gesellschaftlichen Empathie-Notstand zu analysieren und ihn längerfristig in eine nachhaltige Ressource für unsere nachfolgenden Generationen zu transformieren.

Wie ich darauf komme von einem Empathie-Notstand zu sprechen? Und was hat das Ganze mit Rassismus zu tun? Ich bin sogar der Meinung, Rassisten können über sehr viel Empathie verfügen. Wie soll das denn bitte gehen?

Stellen Sie sich nun bitte auf einen interessanten Trip ein ...

3. Das Empathie-Level 2020 in Deutschland

Subjektiv gesehen habe ich mein Leben noch nie als so *durcheinander* empfunden.

Politisch bin ich nicht wirklich aktiv, dennoch bin ich an gesellschaftlichen, kulturellen, politischen und sozialen Themen und Zusammenhängen sehr interessiert. Ich lese, höre und sehe viele Nachrichten, Bundestagsdebatten und deren Entscheidungen, bewege mich in sozialen Medien und verfolge diverse Studien in unterschiedlichen Forschungsrichtungen.

Was mir gerade zu schaffen macht, sind die allgemein *schwerwiegenden* Themen (in denen es um Leben und Tod geht) und der schnelle Informationsfluss über entsprechende Themen wie z.B. das Verbrechen an George Floyd oder ein wochenlanges Verhandeln über geflohene Menschen auf Schiffen. Der Bundeswehr sind Sprengstoff und Munition abhandengekommen. Toll. Nicht!

Das alles passierte in den letzten Monaten mit immenser Geschwindigkeit, sodass ich das Gefühl habe, mein Gehirn kommt mit der Verarbeitung nicht mehr hinterher. Ich weiß jedoch, ich bin damit nicht alleine. Ab und zu muss ich mich geistig zurückziehen, wenn ich diese Informationsfülle und meine Gedanken dazu nicht mehr ertrage.

Für das Verfassen dieses Buchs war Horst Seehofers Weigerung eine Studie zu *Racial Profiling* in der Polizei zuzulassen, für mich ausschlaggebend. Wie es der Zufall will, fiel mir aufgrund meines Studiums noch ein Schriftstück des deutschen Soziologen Ludger Pries in die Hände. Mit seinen Gedanken zur Migrations- und Transnationalisierungsforschung (die ich sehr empfehlen kann, aber in diesem Buch nicht behandle) hatte ich meine fehlenden Puzzleteile gefunden, um meine Theorien abzurunden.

Ich möchte kurz ein paar Beispiele aufzählen, die mir spontan einfallen und welche ich mit dem Problem eines Empathie-Notstands in Deutschland verknüpfe:

- Gerichte, Flüchtlingsheime, Rathäuser oder Schulen (!) erhalten per Brief, E-Mail oder Telefon Bombendrohungen.

- NGOs und ihre Vertreter werden zunehmend bedroht, diffamiert, diskriminiert und kriminalisiert und auf diverse Listen gesetzt, bzw. ihre Adressen werden veröffentlicht und bewusst weitergeteilt.

- Bürger:innen werden zunehmend bedroht, diffamiert, diskriminiert, kriminalisiert und auf diverse Listen gesetzt, bzw. ihre Adressen werden veröffentlicht und bewusst weitergeteilt.

- Vertreter verschiedener Ämter in den Bereichen Exekutive, Legislative und Judikative werden zunehmend bedroht, diffamiert, diskriminiert und kriminalisiert und auf diverse Listen gesetzt, bzw. ihre Adressen werden veröffentlicht und bewusst weitergeteilt.

- Auch Verwandte oder Freund:innen der oben genannten Gruppen werden zunehmend bedroht, diffamiert, diskriminiert, kriminalisiert und auf diverse Listen gesetzt, bzw. ihre Adressen werden veröffentlicht und bewusst weitergeteilt.

- Allgemein ist bei Drohungen gegenüber Frauen eine deutliche Zunahme der Anzahl selbst, sowie der darin enthaltenen Brutalität wahrzunehmen (was seltsamerweise, wenn es hier um Rassismus geht, genau eine der Vorgehensweisen ist, die Rassist:innen an denen verurteilen, die keinen Fuß in dieses Land setzen sollen). Das Thema Femizid und seine Vorstufen sind jedoch auch ohne rassistische Ansichten und Beteiligung in Deutschland schon immer verankert.

- In Bundestagsdebatten zeigt sich immer wieder eine Verrohung unserer Sprache.

- Statistisch gesehen stirbt fast jeden Tag eine Frau in Deutschland durch Mord oder Totschlag durch ihren Partner (2018: 324 Opfer). Ebenso wurden 2018 ca. 80.600 Fälle von vorsätzlicher, einfacher und gefährlicher Körperverletzung gemeldet (vgl. bmfsfj 2020). Das sind im Schnitt 220 Taten täglich. (Bitte beachten Sie, dass die Dunkelziffer, die nicht gerade niedrig ausfallen dürfte, hierbei noch nicht aufgeführt ist!).

- Umgerechnet wurden 2019 41 Kinder pro Tag Opfer von sexuellem Missbrauch (vgl. statista 2020). (Bitte beachten Sie, dass die Dunkelziffer, die nicht gerade niedrig ausfallen dürfte, hierbei noch nicht aufgeführt ist!).

- Dass Kinder als schwächste Mitglieder unserer Gesellschaft generell am anfälligsten für häusliche, außerhäusliche, institutionalisierte psychische und physische Gewalt sind, dürfte jedem von uns klar sein. Hierzu brauche ich keine Statistik anzugeben, sondern muss nur auf die aktuellen Missbrauchsskandale in letzter Zeit hinweisen. Auch im nächsten Punkt wird deutlich, wieviel Deutschland bezüglich der Fürsorgepflicht/Schutz noch nachlegen muss.

- Laut UNICEF verletzt Deutschland auch aktuell immer noch Kinderrechte (bzgl. Förderung, Schutz und Partizipation) (UNICEF 2019) und allgemeine Menschenrechte wie z.B. durch den Export von Waffen, da davon auszugehen ist, dass durch diese Menschenrechtsverletzungen begangen werden (Amnesty 2019). Eine indirekte Beteiligung schließt Schuld nicht aus. Ich möchte kurz zynisch werden: Selbst wenn wir Krieg als einen legitimen Zustand anerkennen würden, muss immer auch mit zivilen Opfern gerechnet werden. Aber was geht uns schon ein *Kamel-treiber* (den Begriff habe ich von einem AfD-Politiker ausgeliehen, gebe ihn aber gerne zurück) *in der Wüste* an, wenn es doch hier um 8 Milliarden Euro geht, nicht wahr?

Nach diesem kurzen (un-)empathischen Potpourri möchte ich Sie in eine *neue Ansicht von Empathie* entführen.

Nachdem ich das idealtypische Prinzip von Empathie erklärt und mit einem Modell dargestellt habe, beginne ich damit, entsprechende *Bezüge* und *Funktionsweisen* zu Rassismus und Sadismus herzustellen, um diese im weiteren Verlauf in gesamtgesellschaftliche Kontexte einzuflechten.

Aber halt, jetzt bringe ich auch noch *Sadismus* ins Spiel? Ja! Erhalten Sie diese Spannung bitte aufrecht! Die verschiedenen Erklärungen werden Ihnen gefallen (oder auch nicht, je wie man es nimmt). Sagen wir, es wird Sie freuen, dass ein wenig mehr Klarheit hinter diversen menschlichen Mechanismen sichtbar wird.

4. Empathie ist doch ganz einfach, oder?

Zuvorderst möchte ich Ihnen meine allgemeingültige Definition von Empathie präsentieren. Momentan klingt sie vielleicht an manchen Stellen unverständlich und kompliziert. Wenn Sie dieses Kapitel zu Ende gelesen haben, können Sie sie gerne noch einmal durchlesen und ich verspreche Ihnen, dass die Definition dann viel verständlicher *um die Ecke kommt.*

****

Empathie entsteht durch ein angeborenes, im Gehirn ansässiges, bildbares und dualistisches Spiegelneuronen-System von hoher Plastizität. Durch lebenslange Aktivität, Modifikation und Übung kann sie sich durch einen expandierenden empathischen Erfahrungspool zu einem exklusiven Persönlichkeitsmerkmal des Menschen entwickeln.
Andererseits verliert sie durch geringen Einsatz oder Inaktivität an Potenzial. Der Grad an Empathie steigt mit dem Grad von Ähnlichkeit und Sympathie. Sie verfügt über einen Blockademechanismus als Schutz vor einem Zustand von Dauerempathie sowie als Scan von Wertigkeit. Zur effizienten Funktion benötigt sie Informationen über Raum und Zeit, welche sie idealerweise aus realen und direkt erreichbaren Settings filtriert, um Klassifikationen vorzunehmen.
Die Empathie besitzt eine Doppelfunktion. Zuvorderst dient sie anhand ihrer Schwellenfunktion als Türöffner in den momentanen Zustand des Gegenübers. Nach dem Eintritt ist das Einfühlen in den anderen und die Übernahme seiner Perspektive möglich. Nach einem Zurückspiegeln und einem Rückgriff auf eigene Erfahrungen, Emotionen, Wissen u.a. entsteht eine multidimensionale Fusion des Individuums mit allen ihm vorliegenden Informationen. Somit wurde Bedeutung erschaffen, ein ganzheitliches Verstehen wird möglich und eine adäquate Filterleistung wie idealerweise Mitgefühl kann hervorgebracht werden.

****

Tja, ganz schön vollgestopft, nicht wahr?

Das zeigt aber eben auch, dass Empathie nicht einfach irgendwas Wohliges ist oder mal *schnell getan* werden kann. Empathisch zu sein ist ein sehr komplexer Vorgang. Vor allem ist Empathie ein *System*.

Ich wette, Sie wissen viel mehr über Ihr Blut-Kreislauf-System oder Ihr Verdauungs-System als über Ihr Empathie-System?

Ich gehe nun jeden Satz mit Ihnen durch und erkläre kurz und bündig (ich versuche es zumindest), um was es im Einzelnen geht und kennzeichne Ihnen entsprechende Stellen, die Sie bei Bedarf im ersten Empathie-Kollektiv (oder der dort angeführten Literatur) ausführlicher nachschlagen können.

Ready steady go!

4.1 Erklärungen zur Definition von Empathie

„*Empathie* entsteht durch ein angeborenes, im Gehirn ansässiges, bildbares und dualistisches Spiegelneuronen-System von hoher Plastizität."

(vgl. PQ: 28-34)

Für diesen Satz tauchen wir in die Anthropologie und in die Neurobiologie ein.

Der Startpunkt von Empathie kann – als physische Voraussetzung – evolutionär auf einen Zeitpunkt von vor über 200.000 Jahren verortet werden.

Zuvor war es unserem Vorfahren, dem *Homo* (vor ca. 2.000.000 Jahren), schon möglich gemeinschaftlich mit anderen zusammenzuarbeiten. Ein Beispiel dafür ist der Gedanke: *Mein Hunger kann schneller gestillt werden, wenn mehrere Jäger auf die Jagd gehen. Ich muss mein Essen zwar teilen, aber das ist ok.*

Doch erst eine Entwicklung hin zu einem *WIR-Charakter* betrifft die Empathie. Nur gemeinsam zu jagen reicht manchmal für einen Erfolg nicht aus. Eine Jagd kann erfolgreicher sein, wenn wir uns auch umeinander kümmern. Ich versetze mich zum Beispiel in einen anderen Jäger hinein, während *unser Essen* aggressiv auf ihn zu rennt und er in Gefahr gerät oder

16

starr vor Angst ist. Ich denke das Szenario kurz weiter, gehe im Kopf meine bisherigen Erfahrungen zum Thema *Jagd* durch und beschließe eine Handlung durchzuführen, die ihm beispielsweise Zeit verschafft, und mit etwas Glück treibe ich das Tier gleichzeitig in die Enge, sodass wir es als Gruppe erlegen können. Somit haben wir durch geteilte Intentionalität gehandelt. Intentionalität erschaffen wir, indem wir *etwas Bestimmtem* (z.B. Mensch, Tisch, Gefühlszustand usw.) eine Bedeutung zumessen. Unsere Gedanken richten sich an *etwas Bestimmtem* aus. Wir haben somit ein Ziel (erzeugt).

Als der Übergang vom Homo zum Homo Sapiens stattfand, hat sich das Gehirn offenbar verändert. Durch mehr und bessere Nahrung(-sverarbeitung) fand einerseits ein Zuwachs an Gehirnmasse statt, andererseits veränderte sich die Art und Weise von Verknüpfungen, und neue Arten von Neuronen kamen hinzu, darunter die schon oben genannten **Spiegelneuronen**.

Der Name ist Programm. Spiegelneuronen wurden erstmals vom Forscher Giacomo Rizzolatti 1992 erwähnt, während er sich mit Makaken beschäftigte. Er stellte fest, dass bestimmte Neuronen *feuerten*, obwohl sie die Handlung eines anderen Affens *nur beobachteten*. Das Gehirn simulierte also diese Beobachtung - wie eine Bewegung durchführen oder Essen - durch die Aktivierung der eigenen Neuronen. Dies betraf genau die Neuronen-Bereiche, die bis dato ausschließlich zuständig für die eigene aktive Ausführung von z.B. Bewegung oder Essen waren. Das Gehirn spiegelte also all das, was der andere Affe tat, so als würde es unser Affe selbst durchführen.

Bis vor ein paar Jahren gab es hitzige Diskussionen, ob das mit den Spiegelneuronen überhaupt stimmig sei. Vielleicht seien sie überbewertet und doch nur für die Imitation zuständig? Wenn wir über Neurobiologie sprechen, müssen wir logischerweise auch über Ethik und moralische Grenzen nachdenken. Die Bestimmung beim Menschen war also schwer. Doch vor ca. 10 Jahren konnten erstmals Spiegelneuronen beim Menschen nachgewiesen werden. Die neuesten Forschungen zum Thema Spiegelneuronen konnten diese nun auch endgültig durch bildgebende Verfahren bestätigen. Dabei konnte auch ihr aktiv-hervorgerufenes Wachstum beobachtet werden (durch Übung) und eine wichtige Erkenntnis konnte ebenso gewonnen werden: Empathie und Mitgefühl sind nicht das Gleiche!

Mitgefühl ist eine ***Anschlusshandlung*** nach dem eigentlichen empathischen Prozess. Dazu aber später mehr.

Der Begriff Dualismus meint immer *Zwei*. Philosophisch betrachtet geht es dabei um das Leib-Seele-Problem. Doch diese (für mich) außerordentlich interessante Thematik wäre an dieser Stelle zu viel des Guten. Deshalb breche ich es durch ein verständliches Beispiel herunter: Wenn Sie zum ersten Mal Probleme mit ihrem Kreislauf-System haben, sind sie vielleicht erschrocken und denken sich: *So alt bin ich doch noch gar nicht!* Oder wenn Sie ständig Probleme mit Bluthochdruck haben, nervt Sie das langsam, aber sicher. Sie sind dann (berechtigterweise) vielleicht immer öfter schlecht gelaunt. Der Bluthochdruck an sich und die entsprechenden Medikamente wirken sich natürlich auch noch anderweitig aus. Eventuell sind sie dann oft müde oder werden sogar depressiv. Hier sehen wir einen Dualismus. Der Körper beeinflusst Ihren Geist (Geistig anstrengend, Stimmungsschwankungen usw.) und der Geist beeinflusst Ihren Körper (durch Ihre geistige Müdigkeit oder Lustlosigkeit sich *aufzuraffen* haben Sie vielleicht keine Lust mehr ins Freie zu gehen, was wiederum Ihrem Körper schadet, weil er keine Bewegung und keine Sonne abbekommt). Beides bedingt sich im Wechselspiel gegenseitig.

So ist es bei der Empathie ebenso. Ein anderes Beispiel, das alle von Ihnen in der ein oder anderen Form kennen dürften: Sie telefonieren. Am anderen Ende ist Ihr bester Freund oder Ihre beste Freundin. Er oder sie stößt sich den Fuß am Tischbein an. Er oder sie schreit *AUA! Mein kleiner Zeh!* Und nun kommt ein Aspekt hinzu, der bisher zwar verborgen war, aber die Dimension bzw. die Tragweite von Empathie etwas erweitert: Sie fühlen sofort mit. Und dies real körperlich! Ihre Spiegelneuronen feuern und ein Schmerzgefühl wird erzeugt.

Es mag komisch klingen, aber vielleicht fühlen sie (auch gerade?) ein kleines Zucken im Gehirn, oder Sie spüren ganz kurz ein Ziehen in Ihrem eigenen Zeh. Vielleicht fühlen Sie sich kurz unbehaglich oder sorgen sich. Das deutlichste Zeichen aber ist, und auch das kennen Sie alle, das Verziehen des Gesichts hin zu einer Schmerz-Mimik. Das Lustige daran ist, dass jemand anderes, der Sie wiederum zufällig beobachtet, sofort weiß, um was es geht: Jemand muss ihnen etwas Schmerzvolles am Telefon erzählt haben oder ihm muss während des Telefonats etwas Schmerzvolles passiert sein. Eine Art Kettenreaktion also.

Das alles funktioniert aber nur, wenn Sie oder die Person, die Sie beobachtet, sich schon einmal selbst den kleinen Zeh angeschlagen haben/hat. Das betrifft dann den *Erfahrungspool*, doch damit setzen wir uns später auseinander.

Wir wissen nun: Empathie hat eine körperliche Basis in unserem Gehirn durch ein System aus Spiegelneuronen. **Dualistisch** wirkt es als Wechselspiel von Körper (sie spüren kurz den Schmerz eines anderen) und Geist (Sie sorgen sich um ihn). Dieses System ist angeboren. Doch kleine Babys müssen alle Bereiche des Lebens erst einüben oder lernen und orientieren sich dabei an ihrer Umwelt. So wie Kinder lernen richtig zu streiten, oder Frust auszuhalten, lernen sie auch Schritt für Schritt mit ihrer Empathie umzugehen und sie immer adäquater zu benutzen. Dieser Fakt und die Möglichkeit des *Trainings* von Spiegelneuronen (wie bei einem Muskel) berührt die obigen Begriffe *bildbar* und *Plastizität*. Mehr dazu im folgenden Satz:

„Durch lebenslange Aktivität, Modifikation und Übung kann sie sich durch einen expandierenden empathischen Erfahrungspool zu einem exklusiven Persönlichkeitsmerkmal des Menschen entwickeln."

(vgl. PQ: 31f., 33f., 36-38, 42-46)

Haben Sie vielleicht schon einmal von *Kaspar Hauser* gehört oder vom *Deprivationssyndrom/Hospitalismus*? Beide Thematiken vereinen eine Tatsache: Wird der Mensch ausschließlich körperlich versorgt, geht es ihm sehr schlecht oder er stirbt. Wir benötigen also auch geistigen und sozialen Input für eine Auseinandersetzung mit einer Umwelt, die mit uns interagiert und an der wir unsere Identität ausbilden können. Nur dadurch entstehen Gefühle, Liebe und Erfahrungen usw.

Empathie benötigt immer ein *Gegenüber*. Die *absolute Meisterklasse* in der Empathie wäre allerdings die *Sempathie* – die Empathie sich selbst gegenüber - doch sie ist momentan kein Gegenstand in diesem Buch. Ihr wäre man es schuldig sie in einem eigenen Buch zu behandeln. Sie bräuchte auf den ersten Blick kein Gegenüber, aber, und dieser Punkt ist wichtig, wenn ich oben vom *Erfahrungspool* spreche: Der Mensch muss vorher unterschiedliche Erfahrungen gesammelt haben. Das heißt: Ohne Erfahrungen mit der Umwelt kein Wissenspool und somit keine Empathie sich selbst gegenüber.

Sie erinnern sich noch an das Telefonat mit dem Zeh? Ich schrieb, Sie hätten das selbst schon einmal im Leben erleben müssen, um es am anderen Ende des Telefons (nochmals) zu erleben.

Sie können sich unser Gehirn wie das Ordnersystem eines Computers vorstellen. In der ersten Ablage landen beispielsweise alle Erfahrung Ihres bisherigen Lebens zu dem Thema Schmerz. Es gibt unterschiedliche Arten von Schmerz. Es gibt Zahnschmerzen, und diese fühlen sich definitiv anders an als Kopfschmerzen. In einem Unterordner des Ordners *Schmerz* werden daraufhin *stechende Kopfschmerzen* und in einem

anderen Unterordner *ausstrahlende Kopfschmerzen* einge-
ordnet. Sie verstehen das System? So funktioniert das mit all
unseren Erlebnissen. Im Ordner *Bewegung* finden sich zum
Beispiel die Unterordner *Laufen, Gabel halten, auf eine Lei-
ter steigen* oder *Schwimmen lernen* und im Unterordner
Schwimmen lernen dann wieder Brustschwimmen, Kraul-
schwimmen, Rückenschwimmen usw.

In der Definition sprach ich vom Erfahrungspool, nutze aber
ab nun den Begriff **Wissenspool**. Er unterstützt die neutrale
Tätigkeit von Empathie besser, wenn ich Ihnen später meine
Modelle vorstelle. Ich komme etwas weiter unten nochmals
auf den Wissenspool zurück.

Wir switchen nun zu *Aktivität, Modifizierung* und *Übung*.
Wenn es um Neuronen geht, wird der Zusammenhang langsam offensichtlich: Wenn wir doch mittlerweile wissen, dass
uns z.B. Gehirn-Jogging auch im Alter noch kognitiv fit bleiben lässt oder wir nach 30 Jahren immer noch Schillers Glo-
cke ansatzweise auswendig aufsagen können, warum sollte
man Spiegel-Neuronen nicht auch *fördern* können?

Aber wie oben schon erwähnt benötigen wir auch die entsprechende Umwelt wie unsere Eltern, die Erzieher:innen im Kin-
dergarten, die Busfahrer:innen von dem Bus, der mich zur
Schule bringt oder die Verkäufer im Einkaufsladen um die
Ecke von denen wir:

- erstens lernen können, wie sie mit uns empathisch
  umgehen (Empathie uns gegenüber, **selbst erleben**),

- die wir zweitens **beobachten** können, wie sie mit anderen empathisch umgehen (Beobachten, Zuhören)
  und

- die drittens im Idealfall auch mit uns auf einer Art
  Meta-Ebene über Empathie **sprechen, reflektieren** und **vorausdenken** (*Versetze dich doch mal in
  den Jungen hinein. Hättest du in dieser Situation*

auch geweint? Wie hättest du dich gefühlt? Was möchte ich beim nächsten Mal in dieser Situation tun?).

Somit findet sich in unserem Ordner-System auch ein Ordner mit der Aufschrift *Empathie*. Ich bin der Meinung, so wirklich lassen sich noch keine Namen für Unterordner finden. Empathie ist noch zu wenig erforscht und hat keinen hohen Stellenwert. Dennoch stelle ich pauschal folgende Theorie in den Raum: Menschen, die ausreichend bzw. viel Empathie erfahren haben, darüber sprechen sowie reflektieren, haben mehr (positive) Erfahrungen mit Empathie. Sie probieren aus, üben, erleben, und vielleicht wird versucht, wirklich mal empathischer zu sein, weil mich jemand darauf aufmerksam gemacht hat. Somit wird sie auch zu einer Kompetenz (so wie beispielsweise die Kompetenz *Lesen*). Da sie allerdings weit mehr als nur mechanisches Lesen ist, kann sie durch fortdauernde Ausübung/Empfangen zu einem stabilen Persönlichkeitsmerkmal werden. Wir sollten also langsam anfangen die Unterordner endlich mit Überschriften beschriften zu können.

„Andererseits verliert sie durch geringen Einsatz oder Inaktivität an Potenzial."

(vgl. PQ: 36f.)

Hier ist es ganz einfach: Das Gehirn ist wie ein **Muskel**. Die Neuronen sind wie Muskelfasern. Wenn wir plötzlich keine Empathie mehr erleben würden, weil wir, utopisch gedacht, an einen Ort kämen, an dem sich die Menschen total egal wären und zu niemandem mehr Kontakt hätten, würden wir uns wohl daran anpassen. Diese Zone unseres Gehirnmuskels würde schwinden. Kämen wir nach Jahren wieder in unsere gewohnte Umgebung, müssten wir wieder ordentlich trainieren.

„Der Grad an Empathie steigt mit dem Grad von Ähnlichkeit und Sympathie."

(vgl. PQ: 48f.)

Dieser Satz bzw. seine Inhalte sind beim Thema Rassismus sehr wichtig und ich glaube, nach den folgenden Sätzen fallen Ihnen schon erste Bezüge zu Rassismus auf.

Stellen Sie sich vor, Sie sitzen auf einer Parkbank und lesen dieses Buch. Sie hören einen lauten Schrei (Ihre Umwelt *perturbiert* Sie), Sie richten aufgeschrocken ihre Aufmerksamkeit darauf und suchen nach der schreienden Person. Unbewusst setzt sich Ihr Gehirn in Gang und macht sich automatisch daran, die Situation einzuschätzen, wie z.B. *ist die Situation gefährlich für mich und muss ich wegrennen?* Oder benötigt jemand Hilfe?

Allgemein ist es so, dass wir alle Situationen und Personen **scannen**. Je ähnlicher und sympathischer sie uns sind, umso leichter und schneller sind wir bereit zu helfen. Diese Ansicht ist schon lange durch wissenschaftliche Studien untermauert. Erkennen wir beispielweise den Lebensstil der Person durch ihre Kleidung, macht das es diesen Menschen für uns sympathischer, wenn wir diesem Lebensstil zustimmen. Oder sehen sie neben der Person eine Gitarre liegen und Sie spielen selbst leidenschaftlich Gitarre, ist der Grad an Ähnlichkeit und Sympathie wahrscheinlich sehr hoch. Ich denke, Ihnen ist klar was gemeint ist. Bei Ihrem *Scan* spielt nachfolgend ein *Blockademechanismus* eine große Rolle auf den ich jetzt eingehen werde.

„Sie verfügt über einen Blockademechanismus als Schutz vor einem Zustand von Dauerempathie sowie als Scan von Wertigkeit."

(vgl. PQ: 47-50)

Versetzen Sie sich noch einmal zurück und lesen Sie das Buch. Der Schrei. Sie blicken auf. Sie scannen. Bis hierhin sind das alles noch ganz neutrale Handlungen. Sie haben ja noch nichts bewertet oder sind zu Hilfe geeilt.

Nach ihrem Scan (der Person oder idealerweise der ganzen Situation und Umgebung), das dem Gehirn nun schon einige Informationen geliefert hat, treffen Sie auf den Blockademechanismus. Er ist so etwas wie der *Kompass der Empathie.* Eine erste Entscheidung mit großer Tragweite findet hier statt: Reicht der Kleidungsstil und die Gitarre der Person aus, um den Blockademechanismus zu überwinden, damit ein empathischer Prozess begonnen werden kann?

Doch halt. Der Satzreihenfolge meiner Definition ist es geschuldet, dass ich hier abbreche.

Vielleicht reichen Ähnlichkeit und Sympathie noch nicht ganz aus, um den Blockademechanismus zu überwinden. Ich springe mit Ihnen schnell zum nächsten Satz und vereine die beiden Sätze letztendlich, um den Blockademechanismus ausreichend darstellen zu können.

„Zur effizienten Funktion benötigt sie Informationen über Raum und Zeit, welche sie idealerweise aus realen und direkt erreichbaren Settings filtriert, um Klassifikationen vorzunehmen."

(vgl. PQ: 32-34, 41f., 47f.)

Für den Menschen spielen **Nähe/Distanz** und der Faktor **Zeit** ebenso eine große Rolle für den Scan und den Blockademechanismus, den Sie ab jetzt als Basis zur Be-**Wertung** ansehen sollen.

Es spielt durchaus eine Rolle ob nur fünf Meter neben Ihnen oder in 100 Metern Entfernung geschrien wurde. Ebenso, ob Sie diese Person live, an ihrem aktuellen Standort schreien hören und sie direkt sehen können oder ob Sie abends einen Thriller sehen, in dem eine Schauspielerin schreit. Selbst wenn Sie in einem Labor in einem Raum sitzen und man Ihnen dort auf einem Fernseher ein Baby zeigt, das zwar live übertragen, aber auf einem anderen Kontinent schreit, wird sich mutmaßlich etwas an Ihrer Wertigkeit ändern.

Das Gehirn sammelt automatisch alle Informationen, die es bekommen kann. Und sollte es sich z.B. um eine Gefahrensituation handeln, spielen die räumliche Nähe oder die Zeit eine entscheidende Rolle. Einer Schauspielerin muss man nicht helfen. Empathie, Mitgefühl, Trösten usw. sind also nicht wirklich vonnöten. Auch können Sie zwar mit dem schreienden Kind auf dem anderen Kontinent mitleiden, wenn Sie wollen, aber wenn Sie wissen, dass diese Aufnahme schon vor zwei Wochen aufgenommen wurde, ist spontane Hilfe ja sowieso ausgeschlossen.

Die Empathie wäre nicht das, was sie ist, wenn sie nicht höchst komplex wäre: Daher *spinne* ich die Situationen noch etwas weiter ...

Selbstverständlich fühlen wir trotzdem mit der Schauspielerin mit. Der Mensch liebt Filme und oft auch das Gefühl, sich *in Sicherheit* auf der Couch zu *gruseln*. Und natürlich werden wir wahrscheinlich alle mit dem schreienden Kind mitleiden, auch wenn wir wissen, dass die Aufnahme nicht live ist und das Kind für uns erstmal wohl unerreichbar ist. Dennoch entwickeln die meisten von uns ein mitfühlendes Gefühl. Vielleicht sieht das Baby auch zufällig unserer Nichte ähnlich und wir empfinden zusätzlich noch Sympathie. Das ist auch gut so. So sind wir beispielsweise bereit(er) zu spenden. Letztendlich konnte man dem Kind also vielleicht doch noch etwas helfen.

Nun sollte nun klar sein, dass wir bewerten (müssen), um die Entscheidung zu fällen, ob eine Handlung oder ein Einschreiten überhaupt nötig und möglich sind.

Hierbei müssen wir jedoch nochmal eine wichtige Unterscheidung vornehmen, um uns auf das Thema des Sadismus vorzubereiten. Ist es nötig empathisch zu sein, weil es der anderen Person etwas bringt? Oder bringt es uns auch etwas? Oder nützt es ausschließlich uns? In ein paar Seiten werden wir das alles *aufdröseln*.

Zusammenfassend wissen wir nun, dass wir sehr viele Informationen benötigen, um vor den Blockademechanismus treten zu können. Wir erzeugen kurz einen **Stau** mit den Informationen, weil wir noch schnell nachsehen, ob wir auch wirklich alle Informationen gescannt haben, um sie dem Blockademechanismus zu überreichen. Hier findet die Wertung statt, die entscheidet, ob ein empathischer Prozess in Gang gebracht werden soll. Und erinnern Sie sich bitte noch einmal an die Intentionalität. Sie richten ihr Bewusstsein also auf ein Ziel (um sich später zu gruseln, der Person auf der anderen Parkbank zu helfen oder zu spenden). Die Wertigkeit des Blockademechanismus richtet sich also auf ein (mögliches) Ziel.

„Die Empathie besitzt eine Doppelfunktion."

Herzlichen Glückwunsch!

Sie haben tapfer durchgehalten, und ich freue mich sehr darüber. Doch ich muss Ihnen beichten, dass wir bisher nur an der Empathie *gekratzt* haben. Nachdem wir den Blockademechanismus aber nun überwunden haben, denn wir stellen uns vor, bei der Wertung kam ein klares **JA** heraus, geht es jetzt erst richtig los!

Die Darstellung erfolgt zu Erklärungszwecken als idealtypischer (also positiv ausgerichteter und erfolgreich abgeschlossener) Prozess.

Die erwähnte Doppelfunktion wird nach den nächsten drei Sätzen verständlich. Nur so viel vorab in aller Kürze:

Funktion 1: Eintreten

(dazwischen Informationen einholen)

Funktion 2: Zurückspiegeln

„Zuvorderst dient sie anhand ihrer Schwellenfunktion als Türöffner in den momentanen Zustand des Gegenübers."

(vgl. PQ: 35, 49f.)

Stellen Sie sich den Blockademechanismus als Mauer vor, die wir mittlerweile überklettern durften.

Wir stehen nun vor einer Türe. Nun kommen die Spiegelneuronen zum Einsatz. Sie sind unser *Türöffner*. Sie öffnen uns den Zugang *in* das Gegenüber. Nun können wir uns endlich einfühlen ...

„Nach dem Eintritt ist das Einfühlen in den anderen und die Übernahme seiner Perspektive möglich."

(vgl. PQ: 35)

... und nachfühlen wie der kleine Zeh der Freundin wohl schmerzt oder wie es für das Baby sein muss, solange zu schreien. Wir hatten zuvor im Idealfall schon die ganze Situation abgescannt und können uns vorstellen, dass das Baby vielleicht Hunger hat oder einsam ist, da nirgendwo Blut oder Verletzungen zu sehen waren und deshalb ...

„Nach einem Zurückspiegeln und einem Rückgriff auf eigene Erfahrungen, Emotionen, Wissen u.a. entsteht eine multidimensionale Fusion des Individuums mit allen ihm vorliegenden Informationen."

(vgl. PQ: 30)

... spiegeln wir das alles nun *zu uns zurück und in uns hinein* zu einem ganz wichtigen Zweck: Wir gleichen diese Informationen, da wir sie ja gerade fast selbst fühlen, mit unserem Wissenspool ab, um eine zukünftige angemessene Handlung zu generieren.

Im Falle des Babys spüren wir also selbst primär eine Art von Verzweiflung. Wir suchen den Ordner *eigene Kindheitserfahrungen* heraus und suchen nach unseren eigenen Erinnerungen aus der Kindheit. *Wie ist es uns ergangen, als wir einsam waren oder Hunger hatten und niemand war da? Wie habe ich mich gefühlt, als mich niemand beachtet hat?* Vielleicht finden wir hier gleich eine Lösungsmöglichkeit, um dem Baby zu helfen, weil wir uns erinnern, was unsere Eltern in so einem Fall gemacht haben.

Falls nicht, suchen wir halt noch zusätzlich den Ordner *Babys allgemein* heraus. Dieser Ordner enthält Inhalte auf einer Metaebene. Also Informationen, die Sie im Laufe Ihres Lebens über Babys gesammelt haben. Vielleicht haben Sie mal während einer Ausbildung einen Kurs über Babys besucht. Oder sie haben einen Zeitungsartikel über Babynahrung gelesen, usw.

Sollte der Ordner über *Babys allgemein* recht dünn sein, haben Sie keine Sorge. Sie öffnen vermutlich automatisch einen entweder ähnlichen Ordner (z.B. den Ordner *Kinder*) oder sie öffnen den Ordner *Wen frage ich, wenn ich nicht weiterweiß?*

Sie sehen also, mit den zurückgespiegelten Informationen *springen* wir in unseren Wissenspool und versuchen Informationen *herauszufischen*, um eine Lösung generieren zu können, die im Anschluss durch eine Handlung (hierunter fällt für mich übrigens auch das Kommunizieren) ausgeführt wird.

Nachdem wir genug Informationen für mehrere Lösungsmöglichkeiten oder eine Lösung gefunden haben, endet übrigens die 2. Funktion der Doppelfunktion oben. Solange wir nämlich noch nach geeigneten Informationen *fischen*, müssen wir vielleicht immer mal wieder (nach)spiegeln, um uns wieder in den Zustand hineinzuversetzen. Sonst besteht die Gefahr, dass die Lösung nicht zum Zustand/Problem passt.

So, und nun ahnen Sie womöglich schon, was ich zu Beginn mit der **Anschlusshandlung** meinte. Sobald wir uns nämlich für eine Lösung bzw. eine Anschlusshandlung entschieden haben ist es - technisch gesehen - auch schon wieder vorbei mit unserer Empathie. Die Anschlusshandlung erfolgt idealerweise als *wachsam, nett, feinfühlig, aufmerksam, liebevoll, reflektierend* oder *mitfühlend,* etc. Rein logisch gesehen kann eine Handlung aber nicht empathisch sein (das Vorausdenken einer Handlung bei der Suche nach einer Lösung aber schon)!

Denn wie Sie nun wissen, ist Empathie erstens ein Prozess mit mehreren Schritten, allerdings stünden Sie zweitens vor dem Problem einer andauernden Empathie. Sie wären durchgehend empathisch. Sie wären ständig in diesem Prozess *gefan-*

gen. Und an dieser Stelle möchte ich nochmal den Blockade-mechanismus erwähnen. Ich habe Ihnen oben nämlich eine Erklärung zum Wort **Dauerempathie** unterschlagen. Verzeihen Sie mir bitte, aber hier passt es einfach besser:

Der Mensch könnte es nicht aushalten ständig empathisch zu sein. Stellen Sie sich mal vor, Sie schlendern in einem Einkaufszentrum umher. Allein schon die Eindrücke, die sie innerhalb von zwei Minuten aufnehmen, sind eine ordentliche Menge! Eine Mutter schimpft ihr Kind. Einem Lieferanten fällt ein Karton um, alles rollt auf den Boden, und er wird wütend. Eine Verkäuferin hat eine hitzige Diskussion mit einem Kunden. Ein Ladendetektiv rennt an Ihnen vorbei, weil er anscheinend einen Ladendieb verfolgt. Einem Kind fällt die Eiskugel herunter, und es weint. Woanders klirrt es. Von oben hat jemand eine kleine leere Colaflasche fallen lassen, die direkt neben Ihnen aufprallt, und so weiter und so weiter. Wenn wir uns in all diese Menschen und in all die Intentionen, Gefühle, Wünsche und Sorgen hineinversetzen müssten, würden wir mit Sicherheit wahnsinnig werden. Und nun stellen Sie sich vor es sind keine zwei Minuten, sondern 24 Stunden.

Der Blockademechanismus schützt uns also vor dem Zustand einer Dauerempathie. Wir setzen also Prioritäten in Bezug auf Empathie, nach Klassifikationen wie Ähnlichkeit, Sympathie, Nähe und Distanz, Zeit und Sinn/Ziel.

„Somit wurde Bedeutung erschaffen, ein ganzheitliches Verstehen wird möglich und eine adäquate Filterleistung wie idealerweise Mitgefühl kann hervorgebracht werden."

(vgl. PQ: 35f., 38-40, 57f.)

Erneut erwähne ich hier die (geteilte) Intentionalität, wenn es um einen Sinn oder ein Ziel geht. Wir verbünden uns quasi mit der anderen Person, wir erleben für einen kurzen Moment *einen gemeinsamen Zustand* und es gibt *ein gemeinsames Ziel.*

Die wohl beste Anschlusshandlung für beide Seiten ist das Vermitteln von Mitgefühl (egal wie Sie das tun: durch Worte, durch Gesten, durch Mimik ...). Sie vermitteln dem Gegenüber das Gefühl nicht allein zu sein. Sie vermitteln: *Ich kann nachvollziehen, wie es dir geht. Ich kann spüren, wie weh es tut!* In den meisten Fällen ist dieses vermittelte Gefühl für einen Menschen schon eine bedeutende Hilfestellung, um mit einer negativen Situation zurecht zu kommen. Mitgefühl und Feinfühligkeit können mitunter eine heilende Wirkung besitzen.

Der Begriff **Filterleistung** ist ein Synonym für Anschlusshandlung. Er hört sich in einer Definition einfach besser an, und ihn verwende ich auch in meinen Modellen.

Im Übrigen benötigt man Empathie nicht nur für negative Situationen oder Probleme, natürlich wissen Sie auch, wie wunderbar es sich anfühlt, wenn das eigene Kind auf der Schulbühne seinen tagelang mühsam gelernten Text wundervoll vorträgt. Sie sehen sein strahlendes Gesicht. Sie können sich ebenso in diesen Zustand hineinversetzen, Ihre Perspektive wechseln, und Sie spüren seinen Stolz. Dabei sind Sie auch selbst stolz auf Ihr Kind. Manchmal kann das zu einem Problem werden. Warum? Dieser Thematik gehen wir nach meinem zusammenfassenden **9-Stufen-Modell** nach.

4.2. 9-Stufen-Modell einer idealtypischen Funktionsweise von Empathie

1. Perturbation
- Etwas passiert
- Störung der Jetzt-Wirklichkeit

2. Suche
- Suche nach Informationen
  (Ähnlichkeit, Nähe, Distanz, Raum, Zeit, Vorher, Gegenwart)

3. Stau
- Alle möglichen/nötigen Informationen erhalten

4. Wertung
- Sinn (Zukunft des Gegenübers) wird erkannt
- Wertung des Blockademechanismus fällt positiv aus

5. Türöffner
- Eintritt in das Gegenüber und Start der Einfühlung

6. Übernahme
- Feuern der Spiegelneurone
- Aufnahme von Perspektiven, Gefühlen und mögliche Narrationen des Gegenübers

7. Zurückspiegeln
- Zurückspiegeln von Perspektiven, Gefühlen und Narrationen des Gegenübers
- Eher bewusst-kognitiver Akt
  (durch die Erkenntnis sich noch im Gegenüber zu befinden, wird das Erlebte auch mental in das eigene ICH zurücktransferiert)

8. Wissenspool
- Abgleich des Zurückgespiegelten mit Wissenspool
- Verstehen des Gesamtkontextes

9. Entschluss
- Entscheidung über optimale Filterleistung fällt
  (um den Zustand des Gegenübers positiv und wahr zu beeinflussen)
- Idealerweise Entscheidung für Mitgefühl und entsprechendes Handeln

➜ *Ausführen Filterleistung: Mitfühlendes Handeln, (Trösten, Helfen ...)*

5. Empathischer Sadismus oder sadistische Empathie?

Zu Beginn dieses Kapitels möchte ich Ihnen, wenn Sie sich intensiver mit der Empathie allgemein, den schlechten Seiten von Empathie oder dem empathischen Sadismus beschäftigen möchten, die Literatur von Fritz Breithaupt ans Herz legen. Sein sympathischer und leicht verständlicher Schreibstil sowie die tiefgreifenden Inhalte waren es, die mich inspiriert haben tiefer in die Materie einzusteigen. Ebenso habe ich die 9-Stufen-Modelle alle in Anlehnung an Breithaupts Inhalte und meine eigenen Erkenntnisse aus anderen Disziplinen entworfen.

Wenn es um Sadismus geht, bewegen wir uns stark auf die Disziplin *Psychologie* zu. Ich würde gerne klarstellen, dass die kommenden Inhalte, auch wenn es generell um Empathie geht, nie trennscharf von der Psychologie oder sogar von der Psychiatrie getrennt werden sollten. Für mich ist die Empathie ein eigenständiger Prozess, der zwar primär in der Neurobiologie *startet* und anzusiedeln ist, aber unbestritten muss sein, dass sich Empathie in all unseren Lebensbereichen wiederfindet, sich sozusagen ausbreitet und alles um uns herum berührt. Die Darstellungsweise von Empathie in diesem Buch soll ein möglicher Erklärungsansatz sein, warum etwas manchmal so passiert, wie es passiert oder warum wir uns gerade fühlen, wie wir uns fühlen.

Sind Sie bereit sich nun in die Dunkelheit zu wagen? Es könnte unerfreulich werden, aber seien Sie sich sicher, Sie sind damit nicht allein. Mir hat es zu Beginn nicht wirklich Spaß gemacht mich mit Folgendem zu beschäftigen. Viele Aha-Effekte machten das allerdings wieder wett.

5.1 Gib mir sofort deine Gefühle!

(vgl. PQ: 46-53, 62f., 66)

Ich muss kurz etwas weiter ausholen und noch vor dem empathischen Sadismus (in Anlehnung an Breithaupt) starten.

Konzentrieren Sie sich nun bitte wieder auf das oben genannte Kind. *Normalerweise* (was ist schon normal? Ich mag diesen Begriff eigentlich nicht) sind wir stolz auf unser Kind und versetzen uns in das Kind hinein und fühlen, wie es sich aktuell selbst fühlen könnte. Wahrscheinlich fühlt es sich stolz (wie Oskar), aufgeregt und ganz unter Strom. Vielleicht stellen wir uns auch vor, wie die Perspektive von der Bühne aus ins Publikum aussieht (und sehen uns komischerweise selbst klatschen und johlen, den Blick zur Bühne hinauf gerichtet). Wir können uns hineinversetzen, wie heiß sich die Strahler mittlerweile auf unserer Haut anfühlen müssen etc.

Soweit, so gut.

Lenken wir den Blick zur Veranschaulichung auf den sportlichen Bereich und lassen das Kind turnen. Wir tauschen die Mutter durch eine Trainerin aus.

Das Ganze kann *ganz natürlich* und *gut* ablaufen. Die Trainerin möchte das Kind unterstützen und dieses hat irre viel Spaß am Turnen, ist von sich aus motiviert und wird zu nichts gezwungen. Sagen wir einfach es besitzt eine passende Begabung für diese Sportart, kann sich frei entfalten und hat eine entspannte Trainerin.

Ich würde sagen, *perfekt*, oder?

In einer anderen Dimension dieser Vorstellung ist die Trainerin nun plötzlich nicht so entspannt. Die gemeinsamen Momente wirken auf uns Außenstehende wahrscheinlich nicht ganz so flüssig, wie in der obigen Idealvorstellung.

Ein erster Grund hierfür könnte sein, dass die Trainerin keine Trainerin ist, die früher selbst viel Sport gemacht hat, sondern erst im Erwachsenenalter dazu kam. Vielleicht war es als Kind ihr sehnlichster Wunsch zu turnen, aber sie durfte es nicht oder die Familie hatte zu wenig Geld oder anderweitig Schwierigkeiten ihr diesen sehnlichsten Wunsch zu erfüllen.

Unbewusst könnte sie ihren unerfüllten Wunsch nun auf unser Beispielkind projizieren. Sie fiebert nun noch intensiver als wir bei Wettkämpfen mit und möchte unbedingt, dass sich das Kind durch einen Platz auf dem Siegertreppchen freut. **Unbewusst** könnte sie sich so dem Rausch der Freude hingeben, was wohl wiederum ihr Selbstbewusstsein anheben würde.

Ebenso könnte das komplette Training zusätzlich empathisch sehr bereichernd für sie sein. Wenn wir uns an den empathischen Prozess erinnern, können Sie sich bestimmt auch vorstellen, dass man gerne mehr solcher Momente erleben möchte, also freut sich die Trainerin bei jedem kleinen Erfolg während der langen Trainingseinheiten. Sie *fühlt sich* sozusagen nachträglich in ihre verpasste Kindheit *ein,* und das so oft wie möglich. Nicht erst bei einer Medaillenverleihung.

Auch könnte sie den Prozess des Einfühlens als solchen genießen. Im nächsten Kapitel wird deutlicher, wie ich das meine.

Ein zweiter Grund könnte sein, dass sie die schlechten Gefühle und vor allem den Frust, den sie selbst als Kind erleiden musste, **unbewusst** auf das Kind überträgt. Das könnte sich durch aggressive Kommunikation oder Verhaltensweisen während des Trainings zeigen oder über ein Gefühl der Genugtuung, sollte das Kind beim Wettkampf schlecht abschneiden. Oder vielleicht möchte sie sich in den Schmerz und die Traurigkeit des Kindes einfühlen, um sich selbst zu verletzen. *Das Ritzen* auf mentaler Ebene sozusagen. Eine geistige Selbstverletzung.

Und bei beiden Gründen flechten wir noch die **unbewusste** Manipulation mit ein. Ja das geht. Vielen Menschen ist dies überhaupt **nicht bewusst**, weil sich diese Mechanismen oft schon in der Kindheit ausbilden, damit die Kinder besser überleben können, und diese automatisieren sich auf Dauer.

Wenn es also um das Einfühlen in Positives wie Freude, Stolz, Reichtum, Spaß usw. geht, könnte die Trainerin dieses Kind **unbewusst** bevorzugen, es immer als Erste starten lassen, ihr mehr Aufmerksamkeit schenken oder ihr einen hübscheren Trainingsanzug bestellen als für die anderen. **Bewusst** ist ihr das allerdings **nicht**. Und eventuell fragt sie sich, warum andere manchmal seltsam reagieren. Hierbei kann sogar ein Teufelskreis entstehen, der den Fokus der Trainerin nur noch mehr auf das Kind hinlenkt (Thema Abhängigkeit?).

Andersherum funktioniert **unbewusste** negative Manipulation natürlich auch. Sie beschämt, verletzt, beleidigt und behandelt das Kind allgemein schlechter als die anderen Kinder der Gruppe. Der Zustand des Kindes kann durch einen hässlichen Turnanzug oder den letzten Startplatz beim Wettkampf nämlich noch verschlechtert werden. Zum einen, damit sie sich erneut selbst bestrafen kann, wenn das Kind einen schlechten Platz belegt oder weil Sie ihr Selbstbewusstsein wieder über das des Kindes heben kann und sich machtvoller fühlt (als das Kind/sie selbst früher als Kind).

In den folgenden Modellen ist dieser **unbewusste** sadistische Empathie-Prozess noch einmal genau aufgegliedert. Die Unterscheidungen werden anhand der fett gedruckten Wörter sichtbar.

5.1.1 9-Stufen-Modell einer dysfunktionalen Funktionsweise von Empathie

A. Unbewusst positiv-besetzte sadistische Empathie

1. Perturbation

2. Suche

3. Stau

4. Wertung

- **Sinn** (eigene Zukunft) wird **erkannt** (siehe 9., finaler Akt)
- **Wertung** des Blockademechanismus **fällt positiv aus**

5. Türöffner*

- **Eintritt** und **Einfühlen** in das Gegenüber

6. Übernahme*

- **Feuern** der **Spiegelneurone**
- **Aufnahme** von Perspektiven, Gefühlen und mögliche Narrationen des Gegenübers

7. Zurückspiegeln*

- **Zurückspiegeln** von Perspektiven, Gefühlen und Narrationen des Gegenübers
- **Durch ansteigende Erregung** kann der **bewusst-kognitive Akt gehemmt** sein, sodass ein **Übermaß an Erregung** entsteht

8. Wissenspool

- **Abgleich** mit eigenen Erfahrungen und Wünschen, um das **Erregungslevel aufrecht zu erhalten** und/oder **zu steigern**
- **Bei Ausfall 5.-7.** wird vermutlich nur **methodisches Wissen** zur Erzeugung des finalen Aktes (9.) generiert

9. Entschluss

- **Entscheidung** über **optimale Filterleistung fällt** (um eigene Befriedigung zu erlangen)
- (Mutmaßliche) **Entscheidung für (eine unbewusst-manipulative) Handlung** zur **Verbesserung** des Zustands des Gegenübers (wenn der Prozess des intensiven Einfühlens bei 5.-7. nicht selbst schon der befriedigende Akt war)
- **Erneutes Feuern** der **Spiegelneuronen** als **finaler Akt**

(* = **Kann entfallen, wenn** ausschließlich die Einfühlung in die **unbewusst generierte Filterleistung** oder die **unbewusst ausgelöste Freude** des Gegenüber das Ziel sind **und nicht der ganze Prozess**)

➔ *Ausführen Filterleistung: z.B. Stolz der Mutter über Kind (= Stolz der Mutter, den sie nun stellvertretend spürt)*

5.1.2 9-Stufen-Modell einer dysfunktionalen Funktionsweise von Empathie

B. Unbewusst negativ-besetzte sadistische Empathie

1. Perturbation

2. Suche

3. Stau

4. Wertung

- **Sinn** (eigene Zukunft) wird **erkannt** (siehe 9., finaler Akt)
- **Wertung** des Blockademechanismus **fällt positiv aus**

5. Türöffner*

- **Eintritt** und **Einfühlen** in das Gegenüber

6. Übernahme*

- **Feuern** der **Spiegelneurone**
- **Aufnahme** von Perspektiven, Gefühlen und mögliche Narrationen des Gegenübers

7. Zurückspiegeln*

- **Zurückspiegeln** von Perspektiven, Gefühlen und Narrationen des Gegenübers
- **Durch ansteigende Erregung** kann der **bewusst-kognitive Akt gehemmt** sein, sodass ein **Übermaß an Erregung** entsteht

8. Wissenspool

- **Abgleich** mit eigenen Erfahrungen und Wünschen, um das **Erregungslevel aufrecht zu erhalten** und/oder **zu steigern**
- **Bei Ausfall 5.-7.** wird vermutlich nur **methodisches Wissen** zur Erzeugung des finalen Aktes (9.) generiert

9. Entschluss

- **Entscheidung** über **optimale Filterleistung fällt** (um eigene Befriedigung zu erlangen)
- (Mutmaßliche) **Entscheidung für (eine unbewusst-manipulative) Handlung** zur **Verschlechterung** des Zustands des Gegenübers (wenn der Prozess des intensiven Einfühlens bei 5.-7. nicht selbst schon der befriedigende Akt war)
- **Erneutes Feuern** der **Spiegelneuronen** als **finaler Akt**

(* = **Kann entfallen, wenn** ausschließlich die Einfühlung in die **unbewusst generierte Filterleistung** oder das **unbewusst ausgelöste Leid** des Gegenüber das Ziel sind **und nicht der ganze Prozess**)

➔ *Ausführen Filterleistung: z.B. das Ignorieren von Erfolg des Gegenübers (als Strafe, Demütigung ...)*

5.2 Es tut mir so gut, wenn du leidest!

(vgl. PQ: 46-53, 64-66)

Bei **unbewusst-negativen** Handlungen springt unser moralischer Kompass zwar an, aber wir realisieren, dass der Person eben **nicht bewusst** ist, was sie tut oder welche Auswirkungen ihr Verhalten auf ihre Umwelt ausübt. Wir wissen, dass die Person nicht vorsätzlich schlecht gehandelt hat. Daher tendieren wir im Allgemeinen dazu, eher zu verzeihen. Wir denken uns vielleicht, welche Bürde wurde der Person auferlegt, damit sie so handeln konnte. Dies entspricht eher einem Opferstatus, als einem Täterstatus. Dennoch hat sich die Person, egal ob die Handlung negativ oder positiv verbucht werden kann, an dem Kind bereichert. Und das, ohne zu fragen. Es hat also einen gewissen negativen Beigeschmack, denn es gibt auch psychischen Missbrauch. Man kann hier also von einem **empathischen Missbrauch** sprechen. Aber wir sollten für die oben genannte Trainerin erstmal bei der Tatsache einer **unbewussten** Manipulation verbleiben.

Nun denken wir uns die oben dargelegten Handlungen alle als **bewusste** Taten (Den Begriff *Tat* wähle ich *bewusst*. Eine bewusst-schlechte Handlung ist eine Tat!).

Verschiebt sich *das Verzeihen* nun, wenn Sie gleichzeitig an die Begrifflichkeit empathischen Missbrauchs denken? Oder an empathischen Sadismus?

Ich muss sagen, ich möchte mich vom Begriff des *empathischen Sadismus* (bei Breithaupt) lösen und ihn umformulieren. Ich möchte ab jetzt von **sadistischer Empathie** sprechen. Die Formulierung *Empathischer Sadismus* erzeugt in mir das Bild eines abgeschwächten Sadismus'. Da klingt noch zu viel Nettes mit. Empathie ist in unseren Köpfen ja immer noch etwas Wohliges und Warmes. Sie kann jedoch auch *ganz anders*. Gerade *weil* man durch diese – allgemein positiv konnotierte – Fähigkeit/Kompetenz in die Bereiche Missbrauch,

Sadismus, Würdeverletzung eintritt, ist sie auch ein (hinterhältiges) Instrument, oft sogar eine Art täuschender Waffe (wie sie nun gleich lesen werden). Ein Wolf im Schafspelz. Auch hier ist eine härtere Formulierung durchaus angebracht.

Übrigens habe ich die Formulierung, frech wie ich manchmal bin, in den **unbewussten** Modellen oben schon übernommen.

Empathie hat also das Potenzial einen Menschen z.B. mental zu heilen, ihn in einen großartigen Zustand zu versetzen aber eben auch, ihm Schmerzen zuzufügen oder ihn und seine Menschenwürde zu brechen oder zu zerstören (wie Sie weiterführend lesen werden)!

Stellen Sie sich bitte das Kind und die Trainerin noch einmal vor.

Es macht bestimmt gleich einen riesengroßen Unterschied, wenn die Trainerin das Kind **bewusst** mehr bestraft, beschimpft oder mobbt, weil sie die Bestürzung und die Tränen des Kindes bewusst *aufsaugt* und sich darüber freut. Vielleicht denkt sie sich zu Hause schon Mittel und Wege aus, wie sie das Kind wieder zum Weinen bringen oder vor den anderen Kindern blamieren kann.

Auch hier funktioniert es aber wieder andersherum. Natürlich kann sie sich auch **bewusst** am Lachen und der Freude des Kindes oder an der Siegesfeier ergötzen. Sie hat davon schließlich einen Vorteil – sie wird mehr wahrgenommen und ebenso umjubelt – SIE ist schließlich die Trainerin des Kindes und hat das Kind *zu dieser Leistung gebracht*. Vielleicht überhäuft sie das Kind mit Bevorzugung, Lob oder mit Geschenken oder wird selbst belohnt.

Somit ist es angebracht bei beiden Formen von der *Suche nach dem nächsten Kick* zu sprechen. Dem nächsten *Empathie-Kick*. Eine *Sucht*? Oder klopfen wir dabei schon an die Tür von Soziopathen/Psychopathen? An dieser Stelle möchte ich mit meiner Gedankenspirale abbrechen. Ich bin keine

Psychiaterin und auch keine forschende Wissenschaftlerin an einem Institut. Auch fehlt mir die Zeit und das Geld diese möglichen Thematiken ausreichend empirisch zu überprüfen. Priorität hat derzeit mein Masterstudium. Ich sehe mich als Hinweisgeberin, als jemanden, die den Finger in die Wunde legt und auf (gefährliche?) Zusammenhänge aufmerksam machen möchte, um endlich eine intensivere Auseinandersetzung mit Empathie als (professioneller) Kompetenz voranzutreiben. Und das müssen bis auf weiteres Andere mit entsprechenden Ressourcen übernehmen.

Abschließend noch einmal kurz zurück zum Thema: Die **unbewussten** Formen können ebenso zur Problematik Kick/Sucht hinzugerechnet werden. Den kleinen Wink mit dem Zaunpfahl der körpereigenen Drogen (wie Adrenalin, Endorphine usw.) möchte ich zum Abschluss hier nicht unterwähnt lassen, aber auch eine Biochemikerin bin ich nicht, also bin ich gleich wieder still. An dieser Stelle wird aber zum ersten Mal auch richtig deutlich, warum ich im ersten Empathie-Kollektiv Forderungen (an die Regierung und uns alle) stelle, die Empathie wissenschaftlich sehr viel intensiver und interdisziplinärer zu erforschen.

Die Forderungen im ersten Empathie-Kollektiv entsprangen zu einem großen Teil aus dem Bereich Pädagogik. In diesem Teil werde ich noch ein paar zusätzliche Forderungen in Sinne unserer Gesellschaft stellen. Dazu aber mehr in späteren Kapiteln. Vorher muss ich meine Forderungen natürlich argumentativ untermauern. Zuvor möchte ich Ihnen aber noch meine Modelle zur bewussten sadistischen Empathie mit auf den Weg geben.

5.2.1 9-Stufen-Modell einer dysfunktionalen Funktionsweise von Empathie

A. <u>Bewusst positiv</u>-besetzte sadistische Empathie

1. Perturbation*

- Kann auch **bewusst gesucht** oder **aktiv herbeigeführt** werden

2. Suche*

- **(Aktive) Suche** nach **Informationen**
- **(Aktive) Bestimmung des Opfers** oder **passender Situation**

3. Stau

4. Wertung

- **Sinn** (eigene Zukunft) wird **erkannt** (siehe 9., finaler Akt)
- **Wertung** des Blockademechanismus **fällt positiv aus**

5. Türöffner*

- **Eintritt** und **Einfühlen** in das Gegenüber

6. Übernahme*

- **Feuern** der **Spiegelneurone**
- **(Aktive) Aufnahme** von Perspektiven, Gefühlen und mögliche Narrationen des Gegenübers

7. Zurückspiegeln*

- **Zurückspiegeln** von Perspektiven, Gefühlen und Narrationen des Gegenübers
- **Durch ansteigende Erregung** kann der **bewusst-kognitive Akt gehemmt** sein, sodass ein **Übermaß an Erregung** entsteht

8. Wissenspool

- **Abgleich** mit eigenen Erfahrungen und Wünschen, um das **Erregungslevel aufrecht zu erhalten** und/oder **zu steigern**
- **Bei Ausfall 5.-7.** wird vermutlich nur **methodisches Wissen** zur Erzeugung des finalen Aktes (9.) generiert

9. Entschluss

- **Entscheidung** über **optimale Filterleistung** fällt (um eigene Befriedigung zu erlangen)
- (Mutmaßliche) **Entscheidung für (eine bewusst-manipulative) Handlung** zur **Verbesserung** des Zustands des Gegenübers (wenn der Prozess des intensiven Einfühlens bei 5.-7. nicht selbst schon der befriedigende Akt war)
- **Erneutes Feuern** der **Spiegelneuronen** als **finaler Akt**

(* = **Kann entfallen, wenn** ausschließlich die Einfühlung in die **bewusst generierte Filterleistung** oder die **bewusst ausgelöste Freude** des Gegenüber das Ziel sind **und nicht der ganze Prozess**)

→ *Ausführen Filterleistung: z.B. jemanden immer wieder mit Geschenken überhäufen*

42

B. **Bewusst negativ**-besetzte sadistische Empathie

1. Perturbation*

- Kann auch **bewusst gesucht** oder **aktiv herbeigeführt** werden

2. Suche*

- **(Aktive) Suche** nach **Informationen**
- **(Aktive) Bestimmung des Opfers** oder **passender Situation**

3. Stau

4. Wertung

- **Sinn** (eigene Zukunft) wird **erkannt** (siehe 9., finaler Akt)
- **Wertung** des Blockademechanismus **fällt positiv aus**

5. Türöffner*

- **Eintritt** und **Einfühlen** in das Gegenüber

6. Übernahme*

- **Feuern** der **Spiegelneurone**
- **(Aktive) Aufnahme** von Perspektiven, Gefühlen und mögliche Narrationen des Gegenübers

7. Zurückspiegeln*

- **Zurückspiegeln** von Perspektiven, Gefühlen und Narrationen des Gegenübers
- **Durch ansteigende Erregung** kann der **bewusst-kognitive Akt gehemmt** sein, sodass ein **Übermaß an Erregung** entsteht

8. Wissenspool

- **Abgleich** mit eigenen Erfahrungen und Wünschen, um das **Erregungslevel aufrecht zu erhalten** und/oder **zu steigern**
- **Bei Ausfall 5.-7.** wird vermutlich nur **methodisches Wissen** zur Erzeugung des finalen Aktes (9.) generiert

9. Entschluss

- **Entscheidung** über **optimale Filterleistung** fällt (um eigene Befriedigung zu erlangen)
- (Mutmaßliche) **Entscheidung für (eine bewusst-manipulative) Handlung** zur **Verschlechterung** des Zustands des Gegenübers (wenn der Prozess des intensiven Einfühlens bei 5.-7. nicht selbst schon der befriedigende Akt war)

- **Erneutes Feuern** der **Spiegelneuronen** als **finaler Akt**
(* = **Kann entfallen**, wenn ausschließlich die Einfühlung in die **bewusst generierte Filterleistung** oder das **bewusst ausgelöste Leid** des Gegenüber das Ziel sind **und nicht der ganze Prozess**)

➔ *Ausführen Filterleistung: z.B. jemanden quälen, demütigen, verprügeln, lächerlich machen, Hilfe verweigern ...*

6. Rassismus oder rassistische Empathie?

(Rassismus meint die ideologisch begründete Ablehnung, Diskriminierung etc. von Menschen oder Gruppen mit anderen biologischen/physischen Merkmalen. Daraufhin werden den Betroffenen in Folge auch „falsche" Charaktereigenschaften und „minderwertige" kognitive Fähigkeiten impliziert))

Ich ernte öfter ungläubige Blicke, wenn ich sage *Rassist:innen haben Empathie, sehr viel sogar!*

Natürlich ist mir dabei aber klar, dass ich an einer allgemein gebräuchlichen Annahme rüttele. Rassist:innen sind z.B. neben Terrorist:innen, Diktator:innen o.ä. die Gruppe von Menschen, denen man Empathie normalerweise komplett abspricht.

Aber auch das ist für mich ein zusätzlicher Grund die Dringlichkeit von Empathie-Forschung hervorzuheben!

Zuerst ist am Argument von fehlender Empathie bei Rassist:innen nicht zu rütteln. 2010 haben italienische Forscher herausgefunden, dass das Nervensystem von Rassist:innen bei Menschen mit anderer Hautfarbe die Aktivität *herunterfährt*, wenn sie sehen, wie diese Schmerzen erleiden. Eigentlich evolutionär unbewusste Abläufe werden also von rassistischen Einstellungen/Vorurteilen unterbrochen. Auch bei Psychopath:innen wurden ähnliche Mechanismen festgestellt. Doch diese können Empathie und Mitgefühl **bewusst** manipulieren. Bei sich und anderen, wie bei einem Lichtschalter. An. Aus. An. Aus.

Vielleicht ahnen Sie schon, was jetzt auf Sie zukommt. Sie wissen ja nun mittlerweile, wie ein idealtypischer Empathie-Prozess abläuft. Im letzten Kapitel haben Sie Beispiele gelesen, welche Dysfunktionen in Empathie-Prozessen auftreten können, wenn es sich nicht um die *wahre*, um die *genuine* Form von Empathie handelt.

6.1. Rassistische Empathie

(vgl. PQ:53f., 61)

Bei Rassist:innen findet sich ebenso eine (bzw. mehrere) Dysfunktion(n). Aber eben nur, wenn es um Menschen(-gruppen) geht, denen gegenüber sie Vorurteile haben. An dieser Stelle wird ein starker Bezug zur Information *Ähnlichkeit* sichtbar. Menschen mit beispielsweise dunkler(er) Hautfarbe fallen hier anscheinend oft komplett durch das rassistische Raster. Bezüglich des Blockademechanismus existieren diese Menschen für Rassist:innen also offenbar gar nicht. Es handelt sich somit um eine sehr wichtige (Sympathie!) Information, die dem Blockademechanismus fehlt.

Auch die Informationen zu Nähe und Distanz werden tangiert. Bilder von ertrinkenden dunkelhäutigen Menschen, die *sowieso irgendwo im Mittelmeer* (also erst einmal unerreichbar) in Gefahr sind (sind ja aus deren Warte *selbst schuld* in ihrer Misere), sind *sowieso nicht zu retten*. Je weiter weg das Ertrinken, das Erschießen und das Foltern stattfindet, umso besser für den rassistischen Blockademechanismus.

Ebenso fehlt das Interesse an der Zukunft der Menschen, die durchs rassistische Raster fallen. So wie es Rassist:innen egal ist, ob diese Menschen Schmerz erleiden, dürfte ihnen wohl auch alles Weitere im Leben der Betroffenen egal sein.

Eine weitere Dysfunktion könnte auftreten, wenn Rassist:innen vielleicht doch noch rudimentäres Interesse an der Menschengruppe zeigen. Das kann auch ungewollt geschehen, doch *der Rassist* ertappt sich dabei, schämt sich und steuert bewusst dagegen. Wie beispielsweise bei einem Zugunglück. Gerettet werden mutmaßlich nur Deutsche oder es geht den rassistischen Menschen nur um Eigenschutz. Hierzu wird zwar auf den Wissenspool zugegriffen, aber nur auf die übliche Weise, wie wir es im Alltag tun, wenn wir auf Probleme treffen.

Allgemein kann ein erhöhtes Aggressionspotential angenommen werden, wenn kein empathischer Prozess stattfindet. Die Hemmungen sinken also (genau deswegen?).

Aufgrund der Ähnlichkeit zu anderen Rassist:innen oder Menschen, die in die Kategorie *eigenes Volk, Familienmitglieder mit ähnlicher Lebenseinstellung* usw. passen, kann gefolgert werden, dass der Empathie-Prozess ihnen gegenüber idealtypisch abläuft. Aber aufgrund des unbewusst und gleichzeitig bewusst-kognitiv aufrechterhaltenen Gemeinschaftsgefühls (durch stetig wiederholende Kommunikation, Indoktrination, Visualisierung, Bedingung zur Aufnahme und zur anhaltenden Mitgliedschaft, Stilisierung von Volks- und Heldenmythen etc.), folgt die logische Annahme, dass besonders Gleichgesinnten ein gesteigertes Maß an Empathie entgegengebracht wird, um so die Gruppe weiter aufrecht zu erhalten und zu vergrößern. Zumal die Gruppe der Rassist:innen bisher als *relativ überschaubar* galt, im Vergleich zur deutschen Gesamtbevölkerung. Somit sahen sie sich immer latenter Abneigung und fortwährendem Widerspruch ausgesetzt, was die Gruppe wiederum noch enger zusammentrieb und ihre Wehrhaftigkeit anfeuerte.

Gleichzeitig könnte ein übersteigertes Maß an Empathie für die eigene Gruppe die Hemmschwelle für die Gewalt (Quantität) als auch die Brutalität innerhalb der Gewalt (Qualität) senken. Wir kennen alle den Begriff der *Beziehungstat*. Was, wenn extreme Rassist:innen nicht nur einmal zustechen sondern mehrere Male? Eben weil sie sich so intensiv in Gesinnungsgenoss:innen hineinversetzen und die Anschlusshandlung somit zur persönlichen *Rache* wird?

Hier stellt sich für mich die Frage, ob so eine rassistisch motivierte Tat nicht (unbewusst und unabsichtlich!) verschleiert werden könnte, da sie die Polizei vielleicht als Beziehungstat wertet (aber es kann keine Beziehung zwischen Opfer und Täter hergestellt werden)?

Beispiel: Rassismus

(welcher empathisch-sadistische Züge annehmen kann)

1. Perturbation

2. Suche*

- **Suche** nach **Informationen entfällt** aus Mangel an Interesse

3. Stau

- **Keine Informationen**, Stau entfällt, oder:
- **Ungewollte** Aufnahme von **Informationen**

4. Wertung

- **Keine Ähnlichkeit** erkannt, erwünscht (Leugnung) oder vorhanden
- **Sinn** (Zukunft des Gegenübers) wird **nicht erkannt**
- **Wertung** des Blockademechanismus **fällt negativ aus**

5. Türöffner   (entfällt)

6. Übernahme   (entfällt)

7. Zurückspiegeln   (entfällt)

8. Wissenspool

- **Wissenspool** wird nach **Erfahrungen** und **Handlungsmöglichkeiten** zum **Eigennutz** oder **Selbstschutz** (des Einzelnen oder der Gruppe) durchsucht

9. Entschluss

- **Entscheidung** über **optimale Filterleistung** fällt
  (um den **eigenen Zustand oder den Zustand der Gruppe** aufrecht zu erhalten oder positiv zu beeinflussen)
- (Mutmaßliche) **Entscheidung** für **Ablehnung, Gewalt, Hassreaktion, Ignoranz ...**

(* = **Kann entfallen, wenn** ausschließlich die Einfühlung in die **bewusst** oder **unbewusst generierte Filterleistung** oder das **bewusst oder unbewusste ausgelöste Leid** des Gegenüber das Ziel sind **und nicht der ganze Prozess**)

➔ *Ausführen Filterleistung: z.B. Gewalt durch Körperverletzung, Demütigung, Verweigern von Hilfe ...*

6.3 Sadistisch-rassistische Empathie

Ich möchte jetzt die Beispiele mit der Trainerin und dem Kind zum besseren Verständnis *umgestalten* und auf Rassist:innen und Migrant:innen auslegen. Parallel werde ich Ihnen somit darstellen, wieso ich die These vertrete, dass sich Rassist:innen ebenso im Spektrum von Sadismus/Psychopathie bewegen können, und hierin vor allem im Bereich der **bewusst-sadistischen Empathie.** Im Unterschied zur Trainerin mache ich die Dysfunktion(en) bei einem sadistisch-rassistischen Empathie-Prozess an dem Alleinstellungsmerkmal *bewusste Ablehnung von Ähnlichkeit* fest. Warum ich das tue? Ganz einfach, es ist kein Hirngespinst, sondern seit Jahren durch beleidigende, diffamierende und diskriminierende Äußerungen in Sozialen Medien, in Interviews o.ä. für jeden öffentlich zugänglich und nachzulesen.

Das Absprechen von Ähnlichkeit und die Diffamierung äußerer Merkmale ist den Rassist:innen genuin. Es ist der *Geburtskanal* von Rassismus!

Rassismus orientiert sich zu allererst an äußeren physischen Merkmalen, weshalb ich als Beispiel einen Rassist*en* und einen geflohenen Migrant*en* aus dem Irak auswähle. Dieser verfügt höchstwahrscheinlich über eine dunklere Hautfarbe als der Rassist.

Beim Beispiel der **unbewusst positiv-besetzten** sadistischen Empathie *saugt* der Rassist beispielsweise die aggressive Stimmung einer Demonstration auf oder fühlt sich wohl beim gemeinsamen völkischen Liederabend. Das Gemeinschaftsgefühl muss, obwohl es in dieser Gruppierung einen so hohen Stellenwert besitzt, nicht oder nicht nur immer *wahr*, *unschuldig* und *reinen Herzens* sein. Vielleicht haben sie selbst schon einmal ein aufgeputschtes oder eher ein berauschendes Gefühl erlebt, wie eine *Welle* (der Begriff passt hier durch die parallele Anlehnung an den Film perfekt hinein), die Sie überrollt, wenn Sie sich beispielsweise Ihren größten

Wunsch erfüllt haben, oder auf der besten Party Ihres bisherigen Lebens waren. Das sich-gegenseitig-hochpushen findet sich in rassistischen Kreisen immer wieder. Dies sind natürlich passende Gelegenheiten Gesinnungsgenoss:innen bewusst zu manipulieren um noch weiter aufdrehen zu können, und somit lässt sich die **bewusst positiv-besetzte** sadistische Empathie schnell hinzufügen. Dopamin & Co. lassen grüßen. Den Prozess als Ganzes oder nur einzelne Großereignisse einzufühlen gilt an dieser Stelle natürlich auch.

Für die beiden Negativ-Beispiele muss ich nun (leider) den Migranten einflechten.

Mein Totschlagargument ist erneut der Faktor: *bewusste Abschreibung von Ähnlichkeit* (Wertung entfällt oder fällt negativ aus. Somit wird der Blockademechanismus nicht überwunden und ein empathischer Prozess entfällt). Als eine Art Ersatzprozess kann nun ein **unbewusst** oder **bewusst negativ-besetzter** sadistischer Empathie-Prozess anlaufen. In beiden Fällen erzeugt ein Leiden(lassen) des Migranten durch beispielsweise das Verweigern von Hilfe, Beschämung, Demütigung, Diskriminierung oder aktive Gewaltanwendung ein positives Gefühl beim Rassisten. Leider unterliegt der Migrant in diesen beiden Fällen, ebenso wie das Kind oben, einem Missbrauch durch den Rassisten.

Weil es für das folgende Kapitel eine Rolle spielt, möchte ich erneut an das Problem des geistigen Missbrauchs (der unter Umständen aus körperlicher Manipulation heraus gründet) bei sadistischer Empathie erinnern.

Bei den beiden oberen, positiv besetzten Prozessen handelt es sich auch um einen Missbrauch (der Gesinnungsgenoss:innen), der allerdings nicht als *schlecht* empfunden wird, da er sich auf Freude, Stolz, Freundschaft oder Hype stützt, und das kann ja nichts Schlechtes sein, nicht wahr? *zwinker*

Technisch gesehen fallen jedoch *alle sadistisch geprägten Formen* mit allen Beteiligten in allen Beispielen unter *Missbrauch* und stellen somit **Menschenrechtsverletzung** dar.

7. Das RVN-Netzwerk innerhalb des Empathie-Levels 2020 in Deutschland

7.1 Das RVN-Netzwerk

Sie haben noch nie vom RVN-Netzwerk gehört?

Ich bis vor ein paar Tagen auch nicht. Ich fand keine adäquate Begrifflichkeit, in die ich meine Argumente hineinpacken konnte. Nun habe ich eine! Ich stelle sie auch gleichzeitig zur Diskussion bezüglich ihrer Sinnhaftigkeit und Praktikabilität.

Wenn ich die Nachrichten der letzten drei Jahre unwissenschaftlich und subjektiv Revue passieren lasse, fiel mir zu Beginn auf, dass sich Rassist:innen und Reichsbürger:innen örtlich und argumentativ aufeinander zubewegten. Seit einigen Wochen ist ein umfassend wirkender Zusammenschluss von **R**assist:innen, **R**eichsbürger:innen, **V**erschwörungstheoretiker:innen und (**N**eo-)**N**azist:innen in den Medien und auf den Straßen zu verfolgen.

((Neo-)Nazist:innen verfolgen die Ideologien der NS-Regimes. Mittlerweile sind die Grenzen zu Rassist:innen allerdings verschwaschen, weil sich beide Gruppen oft gemeinsame Argumentationsstränge teilen)

(Reichsbürger:innen lehnen die BRD in ihrer aktuellen Form ab und sind der Meinung sich immer noch im Kaiserreich bzw. im Deutschen Reich zu befinden. In der Argumentation ähneln sie stark den Rassist:innen. Auch in der empathischen Analyse dürften sich viele Parallelen finden)

(Verschwörungstheoretiker:innen zu definieren fällt schwer. Unterschiedliche Theorien jeglicher Couleur gibt es wie Sand am Meer. Ein stabiles Merkmal lässt sich jedoch im genuinen Misstrauen verorten. Eine Argumentation anhand von Fakten ist oft nicht möglich, da Wissenschaft von vorneherein nicht anerkannt wird oder „gekauft" ist)

Ich finde es wird Zeit, dass wir uns als Gesellschaft und wissenschaftlich darauf einstellen diese einzelnen Gruppierungen nicht mehr nur homogen und/oder abgesondert zu betrachten und zu analysieren, weil sie durch ihre Vereinigung mittlerweile nach außen hin als eine heterogene Mischform, deren Basis offenbar aus einer gezielten ANTI-Haltung besteht, auftritt und sich in den Sozialen Medien untereinander vernetzt.

Mein Vorschlag hierzu wäre der Begriff: **RVN-Netzwerk**.

Erste Ansatzpunkte einer wissenschaftlichen Untersuchung des RVN-Netzwerkes könnten die gemeinsamen Parallelen der unterschiedlichen Argumentationsgrundlagen der früher einzeln agierenden Gruppierungen sein. Auch wäre es interessant zu wissen, inwieweit die Gruppenmitglieder bereit sind einzelne Argumentationsstränge zu beschneiden, um den Erhalt des neuen quantitativ und qualitativen Zusammenschlusses zu sichern.

Aus Perspektive der Empathie wäre es interessant zu erfahren, in welchem Maß Mitglieder einer bisher anderen Gruppierung Empathie erfahren/zukommen lassen. *Bekommen* Verschwörungstheoretiker:innen von Rassist:innen genauso viel Empathie zugesprochen wie Rassist:innen unter sich? Oder ist es etwas weniger, aber trotzdem immer noch etwas mehr als Migrant:innen oder deutsche *Schlafschafe(:innen – kleiner Scherz)* und *Bahnhofsklatscher:innen*? Welche Grade an Empathie wird den Kindern der Mitglieder des Netzwerkes entgegengebracht? Diese Frage könnte die Pädagogik/Erziehungswissenschaft künftig noch vor schwierigere Aufgaben stellen. Durch die quantitative und qualitative Zunahme (dies ist nur eine subjektive Annahme. Vielleicht waren sie ja schon vorher da, aber eher unauffällig und nicht so *laut*) des RVN-Netzwerkes könnten zukünftig viele Bereiche unseres Lebens betroffen sein, wie beispielsweise: Bürger:innen auf der Straße, die in vermeintlich *falschen* Geschäften einkaufen gehen (weil diese bestimmt *Bill Gates* gehören). Als weiteres

Beispiel könnten lehrende, medizinische, pflegerische Fach-
kräfte bzw. der gesamte soziale Bereich vor bisher ungeahn-
ten und komplett neuen Problemstellungen stehen, wenn sie
diffamiert und diskriminiert werden oder wenn ihnen ge-
droht wird, nur weil sie sich nicht gegen die BRD GmbH auf-
lehnen und als *Maskenjunkies* weiterhin für zu wenig Geld arbeiten gehen.

Hier möchte ich kurz unterbrechen.

An diesem Punkt gehe ich mit den RVNlern konform. Ich
nutze die Gunst der Stunde, da ich ja die Herrscherin über
dieses Buch bin *(schelmisches Lachen),* meine Missgunst gegenüber
der absolut unwürdigen Bezahlung der Berufe, die direkt mit
Menschen arbeiten, auszudrücken. Ich verurteile vor allem
die meiner Ansicht nach recht weit verbreitete **ausbeuteri-
sche** Einstellung diesen Menschen gegenüber von Vertretern
aus Politik/Regierung, von Trägern und der Wirtschaft im
Allgemeinen. Es zählt nicht nur das JETZT, sondern auch die
ZUKUNFT.

Gut, vielleicht denken Sie, ich sei vielleicht etwas panisch und
trage zu dick auf. Damit kann ich leben. Begeben wir uns zum
nächsten Kapitel.

7.2 Was ist denn nun mit dem deutschen Empathie-Level?

Erinnern Sie sich bitte an die von mir im Kapitel 3 angeführten Beispiele, in denen wenig bis keine Empathie mehr vorhanden ist oder blättern Sie bei Bedarf zurück.

Ich glaube viele von Ihnen stimmen mittlerweile mit mir überein, dass Empathie größere Auswirkungen auf unser Leben hat, als Sie bis dato vielleicht vermuteten. Ich hoffe, dass ich Ihnen ein umfangreicheres Bild von Empathie vermitteln konnte, als es sich bisher in öffentlichen Diskursen oder im Alltag für Sie darstellte. In Bildungs- und Erziehungsinstitutionen zeigt sich eine Auseinandersetzung mit Empathie als umfassende Kompetenz mit großem Potenzial ja erst seit Kurzem. Meistens wird sie hierfür massiv beschnitten und in eine bestimmte Form gepresst, um *den anderen zu verstehen* und *nett zu ihm zu sein*.

Im Empathie-Kollektiv stellte ich schon Anfang des Jahres Forderungen (aus einer umfassend sozialen Perspektive) an die Regierung (als die primäre Entscheidungs-Instanz) und weitere Entscheider-Instanzen. **Diese Forderungen erneuere ich** an dieser Stelle. Übernehmen Sie professionelle Verantwortung für unsere Gegenwart und unsere Zukunft! **(vgl. PQ: 139-151)**

Des Weiteren trete ich aus der allgemein-sozialen Perspektive heraus und **möchte zu Studien/Forschung zum IST-Stand von Empathie der deutschen Gesamtbevölkerung auffordern**. Hierfür zweckmäßige qualitative und quantitative Forschungsinstrumente bzw. -designs sind seit Jahren in ähnlichen Bereichen bereits etabliert worden. Aus ökonomischer Sicht (Anschaffung usw.) spräche also schon mal nichts dagegen, zumal beispielsweise Online-Umfragen als kosten- und zeitgünstig sowie effektiv zu werten sind. Es wäre doch interessant und im Sinne unserer Gesellschafts- und Kulturforschung von großer Bedeutung

zu erfahren, was wir als Bürger:innen überhaupt von Empathie (als Kompetenz) **bewusst** wissen? Wieviel Empathie
schreiben wir uns selbst zu? Wie schätzen wir Empathie bei
anderen Gruppen ein (z.B. Berufe/Generationen/Ge-
schlecht/Klassen/Milieu usw.). Welche dysfunktionalen
Gruppierungen gibt es und wie beeinflussen oder radikalisie-
ren sie unsere Gesellschaft, wenn wir den Sektenführer Ivo
Sasek offensichtlich nun zum deutschen RVN-Netzwerk hin-
zurechnen müssen? Was ist mit der wachsenden *Incel*-Szene?

*Incels sind Männer die Frauen hassen. Ihr Gewaltspektrum reicht von Vor-
stellungen und das Ausmalen von Szenarien über und mit Gewalt an ihnen
bis hin zur Ausübung von aktiven Gewalttaten gegenüber Frauen. Die Auseinandersetzung mit diesem Phänomen der Incels ist noch recht jung (die
Problematik selbst ist aber vermutlich schon tausende Jahre alt), böte allerdings auch aus empathischer Perspektive wohl (leider) massenhaft Stoff für
Analysen.*

Sind (nur) Sie es, die Frauen zunehmend unter dem Deck-
mantel von Patriotismus bedrohen? Wie gestalten sich deren
Bezüge zum Rechtsextremismus?

7.3 *Grausame* Berufe

Nun bitte ich Sie, sich an die Nachrichten der letzten Wochen
zu erinnern. Dazu meine ich explizit die Vorwürfe von Rassis-
mus/Rechtsextremismus bezüglich Bundeswehr oder Polizei.

Damit ich im Folgenden nicht falsch verstanden werde:
Grundsätzlich mag ich die Polizei, ich hatte früher selbst mit
dem Gedanken gespielt zur Polizei zu gehen und würde es
auch heute noch tun (allerdings berufsbedingt wohl eher zu
Beratungs-, Reflexions- oder Unterstützungszwecken in an-
liegenden Bereichen). Auch war ich in meinem Leben schon
ab und zu heilfroh, wenn sie schnell vor Ort waren. Ich finde
die Polizei als Institution an sich sinnvoll und wichtig.

Doch die scheinbare – oder sollte ich schreiben offensichtli-
che (man weiß es nicht?) – massive Zunahme von Fällen in

denen Soldat:innen und Polizist:innen mutmaßlich oder verurteilt in Straftaten verwickelt oder dem rechten Spektrum zuzuordnen sind/waren/sein sollen, bereitet mir aus empathischer Sicht große Sorge. Zum einen ist die Qualität ihrer Arbeit dadurch betroffen, was sich zusätzlich auf andere Kolleg:innen auswirken kann/wird. Quantitativ sind rund 500.000 Menschen mit unserer Sicherheit beauftragt. Das mag im Vergleich zu 80.000.000 Bundesbürger:innen recht wenig wirken, aber sollte es nicht immer um **jeden einzelnen** Menschen gehen? So steht es zumindest im deutschen Grundgesetz.

Das KSK soll aufgelöst werden. Der Bundeswehr fehlen 62 Kilo Sprengstoff und seit 2010 offenbar über 100.000 Schuss Munition. Rechtsextremismus in der Bundeswehr sowie das Vorgehen gegen Soldat:innen, die nur ihre Pflicht ausüb(t)en und entsprechende Personen meldeten, waren in den letzten Monaten Dauerthema in den Medien.

Wie LGBTQ-Menschen in beiden Berufsgruppen teilweise behandelt werden, möchte ich nur kurz andeuten. Es gibt (leider) genug Berichte in unterschiedlichen Medien und schmerzhafte (und teils widerliche!) Erfahrungen von Betroffenen.

Ich habe gestern einen Artikel gelesen, in dem zum Beispiel stand, dass über 60 Polizist:innen in Bayern wegen mutmaßlichen Drogenbesitzes, Besitzes von Kinderpornografie oder aufgrund eines Reichsbürger-Verdachts vom Dienst suspendiert wären. Mutmaßliche Verdachtsstränge ziehen sich offenbar die letzten Monate auch hoch bis zu Personen in Gewerkschaft oder Ministerien. Die letzte aktuelle Meldung, die ich dazu im Kopf habe, sind die Vorwürfe zu hessischen Polizeidienststellen, von denen aus angeblich Drohbriefe versendet wurden und Daten weitergegeben wurden. Auch steht der Begriff *NSU 2.0* im Raum.

Auch Vorwürfe der Polizei gegenüber von Racial Profiling mehren sich aktuell. Zum Teil ist das eine natürliche Folge der transnationalen Kommunikationswege, die dem Thema aktuell eine große Bedeutung geben (können) und es greifbarer und sichtbarer für gesellschaftliche Diskussionen werden lässt. Das Thema selbst ist aber nicht neu. Racial Profiling gab es schon immer. Gesetzeshüter früherer Jahrhunderte kontrollierten sichtbar Fremde auch oft zuerst, um die Burg oder das Dorf zu schützen. Doch spätestens nach einer Reflexion des Kolonialismus, des Nazi-Regimes und nach Beginn der Aufklärung darf diese Argumentation nicht mehr zur Verteidigung dienen. Was schwer ist, das gebe ich zu, denn es war immer so und wird bis auf weiteres auch erstmal so bleiben (wenn sich nicht bald was ändert), dass *Anderssein* oder *Fremdheit* noch länger ein bedeutender Fakt unseres Lebens ist, den es immer wieder aufs Neue zu überwinden gilt. Auf meinem Wunschplaneten sähe das anders aus, aber ich bin nur *eine Menschin* (Oh mein Gott, jetzt habe ich mich sogar selbst gegendert. Ich hoffe, das stört niemanden *zwinker). Ich kann es nicht ändern, aber ich kann Vorschläge machen.

Was wir alle vor den Vorschlägen dennoch nicht vergessen dürfen ist, dass beiden (und im Folgenden noch mehr) Berufsgruppen, die uns schließlich auch mit Sicherheit *dienen*, die Konfrontation mit *Fremdheit inhärent* ist. Beide Gruppen müssen sich (manchmal sehr gefährlichen) Konfrontationen stellen und es gibt für sie immer eine Auseinandersetzung mit „wir" und „ihr".

Ja Herr Seehofer, hierzu gehört Ihre Studie zu Gewalt an Polizeibeamt:innen. Diese Studie ist wertvoll. Hierbei sollte die Sicht aber auch bewusst auf die qualitative Bearbeitung dieser Studie gerichtet werden. Denn nur blanke Zahlen zu vergleichen ändert nichts am Problem.

Ein weiteres Thema ist, wie und ob sich die empathische Kompetenz von Menschen verändert, wenn sie in *grausamen*, *rauen* oder *bewaffneten* Berufen arbeiten, wie zum Beispiel Chirurg:innen, Fleischer:innen, Rettungssanitäter:innen etc. oder eben Polizist:innen und Soldat:innen.

Ich persönlich sehe diese Berufe primär als Berufe mit der **Verantwortung für das JETZT** an. Sie sind oft gefährlich, grausam, Entscheidungen über Leben oder Tod werden getroffen oder sie haben generell mit Tod zu tun.

Die allgemein-sozialen Berufe (Pädagogik, Lehre, Pflege, Sozial) sehe ich primär als die Berufe, die am meisten **Verantwortung für unsere ZUKUNFT** tragen.

Muss ich nun für all diese Berufe nochmal auf den Punkt Gehalt eingehen? Nein, wir wissen (leider!) wie es läuft ...

Wenn ich mir vorstelle, ich müsste tagtäglich offene Leiber sehen oder ich stünde vor der Entscheidung einen Abzug zu ziehen ...nein, ich stelle es mir lieber doch nicht vor.

Und gerade deshalb, weil es Menschen gibt, die diese oft körperlich und geistig anstrengenden, gefährlichen, schaurigen und tödlichen Arbeiten für uns übernehmen, sollte der zukünftige Fokus von Entscheider-Instanzen hier auf der (Weiter-)Entwicklung von Bewältigungsstrategien/Coping und der (Weiter-)Entwicklung/Ausbildung einer dauerhaft-professionellen Empathie-Kompetenz sowie die räumliche und zeitliche Möglichkeit reflektieren zu können und zu dürfen, ausgerichtet sein.

Ich kann nichts zu den reflexiven Nachbereitungen von Einsätzen oder der Arbeit in den oben genannten Berufen (und allen anderen, die ich nicht aufgezählt habe) an sich sagen, denn ich kenne ja nur die Handhabung aus meinen eigenen beruflichen Einsichten, aber mittlerweile dürfte doch bekannt sein, dass Prävention und Reflexion im Beruf von höchster Bedeutung sind (und zusätzlich spart man sich auch Geld, weil Arbeitnehmer:innen z.B. weniger krank sind, sich besser zu helfen wissen, usw.).

7.4 Empathie als bedeutende Berufs- und (Über-)Lebenskompetenz

Sich in andere hinzuversetzen und ihre Perspektive zu übernehmen (was man auch einüben/weiter ausbilden kann) bringt uns immer ein Stückchen näher zu einem Zitat, an das ich mich hier sinngemäß erinnere:

Bevor Du urteilen willst über mich oder mein Leben ... ziehe meine Schuhe an ... laufe meinen Weg ...

Lieber Herr Seehofer, eine Studie zur Gewalt an Polizist:innen ist angemessen und wichtig. Aber eine Studie zu Racial Profiling könnte Ihnen, auch wenn das Thema als negativ angesehen wird, einen Überblick über den empathischen Zustand ihrer Staatsdiener:innen (und nebenbei auch über die Anzeigenden und die Strukturen dazwischen) geben. Klar würde es vielleicht ordentlich Kritik hageln, andererseits könnten die Ergebnisse aber auch großes Potenzial für das Wohlbefinden aller bieten (und somit über mutmaßlichen Förderbedarf von Ihrer Seite?). Ich sehe darin jedenfalls großes gesellschaftliches Potenzial und eine Chance im Sinne disruptiven Denkens.

So, können wir uns nun bitte alle wieder umeinander kümmern? Können wir uns bitte wieder etwas mehr anstrengen und uns gegenseitig etwas mehr Respekt schenken und aus diesem „wir" und „ihr" heraustreten?

Es geht immer um Menschen (mit ganz individuellen Schicksalen, Familienkonstellationen, Krankheiten, Einkommensverhältnissen, Hobbys oder Stärken und Schwächen)!

Wir können nirgendwo anders hin. Wir leben alle gemeinsam auf diesem einen (als Zahl: 1) Planeten.

Es geht also einfach nur um „uns". Ist das so schwer zu verstehen?

Wir müssen uns endlich wieder um „uns" kümmern!

8. Danke ...

... an Sie ALLE. Sie haben mein Buch bis zum Ende durchgelesen. An einigen Stellen war es recht knifflig, aber ich habe versucht Ihnen eine unserer wichtigsten Kompetenzen zum Überleben (im wahrsten Sinne des Wortes) als ersten Einstieg so gut wie möglich zu erklären. Die Empathie ist allerdings noch weitaus komplexer als hier im Buch dargestellt.

... an meine Filterblase. Ich bedanke mich für eure Hilfe und Unterstützung. Ich bin froh, dass ich meine Gedanken und Denkmuster in gemeinsamen Diskussionen mit euch ausfeilen und schärfen kann.

... an ALLE, die Widerstand gegen Gewalt, Hass und Menschenrechtsbrüche leisten.

... an die Menschen, die uns durch die (1.) Corona-Phase gebracht haben. Auch wenn ich in politischen Angelegenheiten oft hart urteile und mein Blick eher problem-analytisch ausgerichtet ist oder weil ich Forderungen an Sie, liebe Regierung (und alle, die noch angesprochen wurden) stelle, will ich nicht unerwähnt lassen, dass ich froh bin hier in Deutschland zu leben und nicht irgendwo anders. Doch mein größter Dank geht an all die Menschen da draußen, die beraten, bilden, erziehen, lehren, pflegen und die im medizinischen und schützenden Bereich tätig sind. Ich weiß, Lob und Klatschen wird mittlerweile eher als Hohn empfunden. Trotzdem, **DANKE** für euren Einsatz, die schlaflosen Nächte, die Geduld, die Stärke auch noch zu Hause zu funktionieren und die Kinder abends ins Bett zu bringen. Wir wären nichts ohne euch (und vielleicht bald ausgestorben)!

9. Literaturverzeichnis:

- **Primärquelle (PQ):**

  Altmann, Gudrun (2020): Empathie-Kollektiv. Warum Empathie nicht immer nett und rosa ist ... Norderstedt: BoD – Books on Demand.

Amnesty International (2020): RÜSTUNGSEXPORTBERICHT 2019: MENSCHENRECHTE BEI GENEHMIGUNGEN OFFENBAR NACHRANGIG. Abrufbar unter:

https://www.amnesty.de/informieren/themen/waffen

Letzter Zugriff am 19.07.2020 um 14:45h.

(bmfsfj) Bundesministerium für Familie, Senioren, Frauen und Jugend (2020): Häusliche Gewalt. Abrufbar unter:

https://www.bmfsfj.de/bmfsfj/themen/gleichstellung/frauen-vor-gewalt-schuetzen/haeusliche-gewalt

Letzter Zugriff am 19.97.2020 um 14:15h.

Statista (2020): Anzahl der polizeilich erfassten Kinder, die Opfer von sexuellem Missbrauch wurden, von 2008 bis 2019. Abrufbar unter:

https://de.statista.com/statistik/daten/studie/38415/umfrage/sexueller-missbrauch-von-kindern-seit-1999/

Letzter Zugriff am 19.07.2020 um 14:27.

UNICEF (2019): ZAHLREICHE KINDERRECHTE WERDEN IN DEUTSCHLAND VERLETZT. Abrufbar unter:

https://www.unicef.de/informieren/aktuelles/presse/2019/zahlreiche-kinderrechte-in-deutschland-verletzt/202054

Letzter Zugriff am 19.07.2020 um 14:49h.